ÉTUDE COMPARÉE

DES

Principales Législations Européennes

EN MATIÈRE DE FAILLITE

PAR

Maxime LECOMTE,

DOCTEUR EN DROIT,
Avocat à la Cour d'appel d'Amiens,
Professeur de droit commercial à la Société Industrielle d'Amiens.

Extrait du Bulletin de la Société Industrielle du Nord de la France

Mémoire couronné par cette Société (Concours de 1878).

Prix : 2 Francs.

PARIS,
A DURAND ET PEDONE-LAURIEL, ÉDITEUR,
Libraires de la Cour d'Appel et de l'Ordre des Avocats ;

G. PEDONE-LAURIEL, SUCCESSEUR,

13, rue Soufflot, 13.

1879.

ÉTUDE COMPARÉE

DES

PRINCIPALES LÉGISLATIONS EUROPÉENNES

EN MATIÈRE DE FAILLITE.

ÉTUDE COMPARÉE

DES

Principales Législations Européennes

EN MATIÈRE DE FAILLITE

PAR

Maxime LECOMTE,

DOCTEUR EN DROIT,
Avocat à la Cour d'appel d'Amiens,
Professeur de Droit commercial à la Société Industrielle d'Amiens.

Extrait du Bulletin de la Société Industrielle du Nord de la France.

Mémoire couronné par cette Société (Concours de 1878)

PARIS,
A. DURAND et PEDONE-LAURIEL, Éditeurs,
Libraires de la Cour d'Appel et de l'Ordre des Avocats;
G. PEDONE-LAURIEL, successeur,
13, rue Soufflot, 13.
1879.

EXTRAIT

DU

RAPPORT GÉNÉRAL SUR LE CONCOURS DE 1878

Présenté, dans la Séance Solennelle du 22 décembre 1878,
à la Société Industrielle du Nord de la France.

Par M. E. CORNUT,
Président du Comité du Génie Civil.

« Le premier (mémoire) a pour épigraphe : « *Qui s'oblige oblige le sien.* » Il débute en posant les principes généraux de la matière, examine les deux législations françaises de 1808 et 1838, puis les législations étrangères, indiquant avec soin les dispositions que chaque nation nous a empruntées et celles que nous devrions introduire dans nos codes.

» Ce travail se distingue par une méthode simple et logique, par une ampleur de vues remarquable, et par un esprit réformateur et sagement progressif. »

INTRODUCTION.

§ 1. — Considérations générales.

> « Qui s'oblige oblige le sien. »

C'est un principe de raison universelle que le débiteur doit satisfaire à ses engagements par tous les moyens en son pouvoir et que ses créanciers peuvent l'y contraindre, notamment en s'emparant de ses biens.

Contrairement à l'opinion de Toullier, c'est bien là un principe de droit naturel, et nos aïeux le formulaient ainsi : *Qui s'oblige oblige le sien*. Le code civil n'a donc fait que se conformer à la loi naturelle en édictant, dans son article 2092, que « quiconque s'est obligé personnellement est tenu de remplir ses engagements sur tous ses biens mobiliers et immobiliers, présents et à venir. »

Si le débiteur se trouve dans l'impossibilité de remplir ses engagements, ses créanciers ont action sur tout son patrimoine, et si ce patrimoine est insuffisant pour procurer à tous le paiement intégral qu'ils sont en droit de demander, les créanciers doivent se contenter de se partager le bien de leur débiteur, tel que ce bien existe, proportionnellement aux droits de chacun.

C'est encore ce que dit notre code civil, dans l'article 2093 : « Les biens du débiteur sont le gage commun de ses créanciers et le prix s'en distribue entre eux par contribution, à moins qu'il n'y ait entre les créanciers des causes légitimes de préférence. »

La loi veut donc l'égalité de condition pour tous les créanciers qui ont eu confiance dans le débiteur, qui ont suivi sa foi et ne peuvent pas invoquer contre lui des sûretés spéciales (privilége, hypothèque, gage).

La *distribution par contribution* est l'essence même de toutes les lois sur la faillite.

Mais, chez bien des nations, la procédure en est différente, suivant que le débiteur est ou n'est pas commerçant.

Chez ces nations, la faillite est une institution propre au commerce et, comme toutes les institutions de ce genre, elle a pour but principal la protection du crédit commercial.

La procédure organisée par la loi commerciale favorise le crédit en ce qu'elle est plus rapide que la procédure ordinaire et tend à protéger le plus efficacement possible les créanciers, le débiteur lui-même et l'ordre public.

C'est ici le lieu de dire quelques mots du rôle du droit commercial dans le progrès des Sociétés humaines et spécialement dans le progrès législatif.

Il n'est pas d'instruments plus puissants de civilisation que le commerce et l'industrie. C'est par ces moyens que les hommes se sont rapprochés, que les nations se sont constituées ; c'est grâce au commerce et à l'industrie que, dans la période moderne, on est arrivé peu à peu à l'abaissement de toutes les barrières, à la multiplication des relations internationales se manifestant, dans l'ordre matériel, notamment par les Expositions universelles, et dans l'ordre moral par cette idée, qui tend à être universellement admise: la solidarité des peuples.

Les nations, en effet, ne peuvent s'isoler les unes des autres, elles ont des besoins communs, pour la satisfaction desquels elles sont obligées de s'entendre et de s'unir, par exemple, pour la liberté de la navigation, l'échange des matières premières et des produits, le châtiment des criminels, l'administration de la justice. Le droit gouverne donc les nations et leurs relations entre elles, comme, dans l'intérieur de chaque État, il gouverne les relations de l'État avec les particuliers et des particuliers entre eux.

Pour l'extension des relations internationales, un des moyens les plus féconds est, sinon l'unification des législations, du moins l'entente sur les points principaux, de façon à ce qu'ils soient réglés partout d'une façon uniforme et conforme à l'idée du juste.

L'uniformité de législation en matière ordinaire peut sembler une utopie difficilement réalisable. Il en est autrement en matière commerciale, et la raison en est facile à saisir. Le commerce, c'est-à-dire l'industrie commerciale ou l'industrie des échanges, ne peut se renfermer dans les limites de chaque État. Le commerce est cosmopolite; il a pour marché le monde entier, et dans tous les pays ses besoins sont les mêmes. De cette identité de besoins: le crédit, la rapidité des opérations, leur sécurité, il est logique de conclure à l'identité des moyens pour les satisfaire et de demander, par exemple, l'établissement d'un droit universel.

Il ne faut pas que le commerce rencontre un obstacle dans le doute sur les principes admis par une nation, dans l'incertitude sur le point de savoir qui sera juge en cas de difficultés. Que l'un des contractants appartienne à tel pays ou à tel autre; que le contrat soit formé ici ou là, il faut que le commerce soit libre, et il ne l'est plus suffisamment si sa sécurité est diminuée, si une cause de lenteurs surgit.

L'uniformité de la législation commerciale internationale serait donc elle-même un moyen puissant de satisfaire l'intérêt du commerce. Qui ne voit qu'elle contribuerait à l'extension du crédit, qu'elle éviterait au commerce extérieur des pertes de temps et des risques?

Le droit commercial, par cette tendance à l'uniformité, est en avance sur les lois civiles, et d'autant plus en avance qu'il réalise dans une mesure plus large l'idée de la solidarité des peuples, idée qui se fait jour à peine dans les diverses législations civiles.

Ce rôle qu'il remplit dans l'ensemble du droit international, il l'a rempli également pour le droit particulier à chaque nation. Il est incontestable que la loi commerciale, dans la voie du progrès, est en avance sur la loi civile et celle-ci se perfectionne en se rapprochant de la loi des commerçants et en s'identifiant avec elle.

Tout le monde se sert actuellement d'institutions qui primitivement étaient propres aux commerçants. Il n'est pas nécessaire de faire le commerce pour contracter une assurance, et cependant, dans notre droit, les seules règles écrites sur le contrat d'assurance se trouvent dans le Code de commerce. Combien de personnes qui ne sont pas commerçantes se servent des instruments du crédit commercial : la lettre de change, le billet à ordre, le chèque ! Combien de personnes qui ne veulent pas devenir des commerçants, qui ne peuvent même pas le faire, à raison de leur profession, entrent dans une société commerciale, par la voie de la commandite. L'influence de la jurisprudence commerciale, fondée avant tout sur la coutume et sur les besoins de l'intérêt général, a déjà fait disparaître de notre droit bien des arguties et des subtilités. Depuis longtemps on demande d'appliquer la procédure si rapide et si économique qui est pratiquée devant les tribunaux de commerce à la plus grande partie des affaires civiles. À l'exception des villes qui possèdent des tribunaux consulaires, partout les mêmes juges appliquent tantôt la procédure ordinaire et tantôt la procédure commerciale. En cour d'appel, la procédure des affaires commerciales et celle des affaires civiles sommaires est la même.

Pour en revenir au sujet de cette étude, dans plusieurs pays la loi ne distingue pas la faillite du commerçant de la déconfiture, c'est-à-dire de la faillite du non-commerçant, et il est incontestable qu'il serait désirable pour bien des législations de faire passer dans les lois qui règlent l'expropriation forcée du débiteur civil, la rapidité et la simplicité de la procédure en matière de faillite.

Les commerçants, parce qu'ils ont bien compris leurs intérêts essentiels ont déjà amené dans le droit particulier à chaque nation de grands progrès. Que toutes les nations y participent, et que dans un temps prochain, sans rien perdre de leur indépendance réciproque, mais oubliant leurs rivalités et se dépouillant d'idées trop étroites sur la souveraineté territoriale, qu'elles donnent une solution aux conflits de législation et arrivent enfin à cette œuvre qui ferait faire un si grand pas à la civilisation européenne : l'uniformité de la législation commerciale.

Ces questions sont actuellement à l'ordre du jour. Un professeur de l'Université de Turin a écrit, il y a quelques années, sous le titre *de la faillite dans le droit international privé*, un mémoire qui a été couronné par l'Académie des Sciences morales et politiques de Naples. Dans cet ouvrage, l'auteur établit le principe de l'unité et de l'universalité de la faillite. Nous y reviendrons dans un chapitre spécial, mais disons ici que la troisième section du Congrès international du commerce et de l'industrie, tenu au palais du Trocadéro, du 22 au 24 août 1878, s'est appropriée la doctrine du professeur italien et a émis le vœu que, par voie de conventions internationales, la faillite produise tous ses effets dans un pays comme dans un autre, c'est-à-dire, que la faillite soit une comme siège et universelle comme effets.

L'idée d'un code international était reléguée par la section chargée plus spécialement de cette étude, parmi les projets d'une réalisation trop difficile et trop lointaine. La réunion plénière, après des discours de MM. Pascal Duprat, de Carwagal, Havard, Séve et Saglier, ne partagea pas cet avis et vota la résolution suivante :

« Le Congrès émet le vœu qu'un code de commerce international soit établi entre toutes les nations. — Pour faciliter cette œuvre, le Congrès décide la formation d'une Commission chargée de jeter les bases dudit code, laquelle fera son rapport au Congrès de Bruxelles, en 1880. »

Dans le but indiqué par cette résolution du Congrès de 1878, bien des efforts vont se faire et ceux qui participeront à ces efforts devront nécessairement se préoccuper de la matière considérable des faillites.

Il faut féliciter hautement la Société Industrielle du Nord de la France, d'avoir apprécié l'importance de cette question, d'avoir, dès le commencement de l'année 1878, placé parmi les questions de son Concours, l'étude comparée des principales législations européennes en matière de faillite.

Pour voir, en effet, si nous approchons ou non de l'uniformité, pour connaître les pays avec lesquels l'entente est possible dans un temps peu éloigné, pour savoir de quel côté vient le progrès et chez quelles nations les principes les plus rationnels sont passés dans la loi et dans la pratique, il faut se livrer à un travail spécial sur la législation de chaque pays, puis à un travail de comparaison. *L'étude comparée des principales législations européennes en matière de faillite* est, pour ainsi dire, une page détachée d'un traité de droit européen comparé, mais c'est une page qui peut avoir une grande valeur, parce qu'elle a une portée pratique indéniable.

§ 2. — Aperçu historique.

Ce n'est pas ici le lieu de faire un travail d'érudition sur les lois contre les débiteurs chez tous les peuples, depuis les temps de l'antiquité jusqu'à nos jours. Il est difficile cependant de ne pas parler de la législation romaine. On sait que chez les Romains on trouvait, pour ainsi dire, deux nations dans la nation, deux peuples perpétuellement en lutte : les créanciers et les débiteurs. Ceux-ci se plaignaient de la dureté de la loi et plus encore de la manière dont les créanciers faisaient l'application de cette loi. Car, à Rome, celui qui avait obtenu un jugement le mettait lui-même à exécution, et le pouvoir public n'intervenait que s'il y avait rebellion contre celui qui usait ainsi de son droit. Gaïus décrit bien cette manière de procéder : *Qui agebat sic dicebat : quod tu mihi judicatus sive damnatus es, sestercium decem millia quæ dolo malo non solvisti, ob eam rem ego tibi sestercium decem millium judicati manus injicio* » Le créancier s'emparait alors de son débiteur : « *domum ducebatur ab actore et vinciebatur.* »

M. Alauzet qui cite ce texte (t. VI, n° 2385) ajoute : « Faut-il aller jusqu'à dire, quand il y avait plusieurs créanciers, que la loi des douze tables leur permettait de couper le débiteur en morceaux pour s'en adjuger les lambeaux, ajoutant, pour éviter toute discussion après cet étrange partage : « *si plus minusve secuerunt, sine fraude esto ?* » Il restait à décider qui se fût chargé de l'opération. L'existence d'une semblable loi, où l'absurde le dispute à l'atroce, a été très-sérieusement contestée et ne pouvait être employée que chez un peuple d'anthropophages, où elle eût été rendue, sans doute ainsi qu'on l'a dit ; « *ut ejus debitoris sanguine pascerentur creditores, vel in usum rei culinariæ sibi fercula apponi curarent.* » Force est bien à tous de rejeter cette explication. »

Il ne manque pas de bonnes raisons pour considérer ce texte fameux comme apocryphe. En tout cas, *gammatici certant.* Ce qui est hors de doute, c'est que grâce à l'influence du droit prétorien, l'exécution sur les biens du débiteur se substitua à l'action sur la personne. Les créanciers obtenaient du magistrat l'envoi en possession des biens, et le débiteur s'en trouvait ainsi dessaisi. Un *curator bonorum*, que nous appellerions aujourd'hui syndic provisoire, était chargé de l'administration des biens et de la convocation des créanciers. Ceux-ci, ou bien accordaient à leur débiteur une sorte de concordat, ou bien s'entendaient pour désigner celui qui, comme nos syndics définitifs, devait faire vendre les biens. Le produit de l'adjudication devait servir à désintéresser les créanciers, leur être partagé au prorata de leurs créances.

Quand le magistrat le décidait ainsi, l'insolvable pouvait être admis au bénéfice de la cession de biens, qui lui procurait l'avantage d'être exempté de l'infamie attachée à la *venditio bonorum*. Le cessionnaire n'était libéré que jusqu'à concurrence de ce qu'il abandonnait. S'il lui survenait de nouveaux biens, il devait également les remettre à ses créanciers jusqu'à complet paiement.

Notre ancien droit français admettait aussi la cession des biens. Elle avait lieu avec une certaine cérémonie et des formalités plus ou moins humiliantes pour le débiteur. Elle ne pouvait être faite par procuration. Le cessionnaire, tête nue, abandonnait sa ceinture, laquelle figurait ses biens. L'article 144 du Code Michau (ordonnance de 1629) est ainsi conçu : « Déclarons que ceux, lesquels, non par leur faute ou débauche, mais par malheur ou inconvénient seront tombés en pauvreté et auront été contraints, à cette cause, de faire cession des biens, n'encourront pour cela infamie ni aucune marque, sinon la publication ou affiche de leurs noms, et en sera fait mention pour la sentence du juge, par laquelle ils seront reçus à ladite cession de biens. »

Toutefois, tous les débiteurs insolvables étaient tenus de porter en public un bonnet vert, après la cession de leurs biens. On connaît les vers de Boileau :

> « Sans attendre qu'ici la justice ennemie
> L'enferme en un cachot le reste de sa vie,
> Ou que d'un bonnet vert le salutaire affront
> Flétrisse les lauriers qui lui couvrent le front. »

Pour le règlement des intérêts privés, notre ancien droit ne distinguait pas le débiteur commerçant du non-commerçant. Mais, au point de vue pénal, il considérait la banqueroute du commerçant comme un crime, comme une manière de s'approprier le bien d'autrui. La fréquence des banqueroutes amena de rigueur en rigueur l'ordonnance rendue sous Charles IX, en 1560, et qui s'exprime ainsi : « Tous banqueroutiers et qui feront faillite en fraude, seront punis extraordinairement et *capitalement*. »

Pour trouver une organisation de la faillite ou de la banqueroute, au point de vue des intérêts qui s'y trouvent engagés, il faut passer en Italie, dans les villes commerçantes, comme Milan, Venise, Gênes, Florence. On retrouve dans les lois et les usages de ces villes les principes essentiels de toute bonne législation en cette matière.

Nous nous contenterons de donner, à titre d'exemple, l'analyse d'après M. Vincent (*Exposé raisonné de législation commerciale*, (T. I. p. 387), des dispositions en vigueur à Gênes.

Le tribunal déclarait la faillite sur l'aveu du débiteur, ou sur la demande de l'un de ses créanciers, produisant trois témoins, attestant qu'il s'était caché ou enfui laissant en souffrance plus de 1000 livres de dettes. La déclaration du juge était précédée d'affiches, sur lesquelles était admise pendant trois jours l'opposition du débiteur ou celle de créanciers autres que la femme et les parents du failli, s'ils avaient ensemble un intérêt quadruple de celui du créancier poursuivant. Les biens cédés en paiement pendant les quinze jours qui avaient précédé la faillite, étaient rapportés à la masse, et la déclaration faisait remonter l'ouverture au jour de la disparition ou de la fuite. Les créanciers présentaient trois ou cinq députés (syndics), et le tribunal confirmait cette nomination. Si le débiteur s'était mis lui-même avec ses livres et ses biens en les mains de justice, il avait sa maison pour prison. Pour lui faciliter le temps et les moyens d'obtenir un concordat, il n'était fait pendant huit mois, aucune répartition de l'actif, et ce délai pouvait même être doublé. Le traité fait avec la majorité devait être sanctionné par la formalité de l'homologation. La majorité nécessaire était des trois cinquièmes, si le débiteur s'était soumis volontairement à la loi, des sept huitièmes en cas contraire, et il paraît que c'est cette majorité qui avait fini par être indistinctement exigée pour l'homologation du concordat. Les voix étaient comptées à raison de l'importance des créances. Les créanciers hypothécaires n'étaient pas soumis aux décisions de la majorité chirographaire, mais si les sept huitièmes des créanciers hypothécaires consentaient le concordat, il devenait obligatoire pour tous. Toute incapacité du failli cessait dès qu'il avait rempli les conditions de son traité. Si le tribunal apercevait la fraude, il était procédé criminellement; mais la peine de mort n'était pas applicable. Le créancier convaincu de s'être fait traiter mieux que les autres par un traité secret avec le failli, devenait solidaire avec lui. Jusqu'au concordat, la dot de la femme était placée à la banque; les syndics fournissaient à la dépense de la famille sur les revenus de la dot; s'il y avait de l'excédant, la moitié seulement profitait à la femme, et le reste à la masse. S'il n'intervenait aucun traité, la femme prélevait le capital de sa dot sur tout le patrimoine indistinctement.

Le droit commercial italien eut en France une influence qui se fit sentir dans les grands centres commerciaux, et notamment à Lyon.

Quand Colbert fit rédiger le *code marchand* (ordonnance de (1673), on trouva comme principale source, en matière de faillites et banqueroutes, la jurisprudence appliquée par les prévôts des marchands de Lyon, dont l'institution remontait à 1419.

Le titre XI de l'Ordonnance, comprenant treize articles seulement, est consacré aux faillites et banqueroutes. L'article 12 punissait de mort le banqueroutier frauduleux. Il ne faut pas croire que cette loi draconienne n'ait jamais été appliquée. En 1756 encore, le Parlement de Paris confirma une sentence de la Conservation de Lyon condamnant l'agent de change Falque, coupable de banqueroute, à la peine de mort, et Falque fut pendu.

Voici l'analyse des autres articles de l'Ordonnance :

La faillite ou la banqueroute était réputée ouverte du jour où le débiteur s'était retiré ou de celui où les scellés avaient été apposés chez lui. Il devait fournir un état de l'actif et du passif, représenter ses livres, cotés et paraphés suivant les dispositions de l'Ordonnance. Les transports, cessions, ventes et donations faits en fraude des créanciers étaient nuls et ne pouvaient nuire à la masse. La minorité des créanciers devait suivre la loi de la majorité qui réunissait les trois quarts des créances. Les priviléges et les hypothèques conservaient leurs effets à l'encontre de la masse chirographaire. On devait remettre les deniers provenant du failli ou de la réalisation de l'actif mobilier aux mains d'un ou plusieurs mandataires de la majorité des créanciers.

Nous ne parlerons pas ici du titre IX de l'Ordonnance qui, traitait des lettres de répit ou de surséance. Nous aurons l'occasion d'y revenir dans l'un de nos chapitres.

On trouve, dans une déclaration du mois de novembre 1702, édictée d'une façon très-rigoureuse, la règle d'après laquelle certains actes faits par le failli sont nuls s'ils remontent à une époque contemporaine de la cessation des paiements.

L'affirmation des créances puise son origine dans une déclaration du 11 janvier 1716. Quant à la vérification, elle est réglementée pour la première fois par une déclaration du 13 septembre 1739.

En arrivant au code promulgué en 1807 et rendu exécutoire à partir du 1er janvier 1808, nous abordons l'un des points de l'étude de droit comparé que nous avons entreprise, ce code étant encore en vigueur chez plusieurs nations européennes.

CHAPITRE Ier

LA FAILLITE D'APRÈS LE CODE DE 1808 ET D'APRÈS LA LOI DE 1838.

§ 1. — Aperçu général.

L'Ordonnance de 1673, quel qu'en fût le mérite, ne tarda pas à devenir insuffisante pour les besoins nouveaux du commerce et de l'industrie. Les treize articles sur les faillites et banqueroutes, quoique développés par les déclarations royales, et éclairés par la jurisprudence des parlements, devaient faire place à une loi nouvelle plus complète et plus en rapport avec les progrès sociaux. Avant même la révolution de 1789, quelques essais furent tentés pour la rédaction d'un nouveau code de commerce. Ainsi, sous le ministère de M. de Miromesnil, une commission avait été nommée pour préparer cette réforme. La retraite du ministre entraîna l'abandon du projet.

En l'an IX, un arrêté des Consuls (du 13 germinal) établit auprès du ministre de l'intérieur une commission chargée de préparer une rédaction d'un projet de code de commerce, et composée de Gorneau, juge au tribunal d'appel de Paris; Vignon, président du tribunal de commerce; Legras, Coulomb, Mourgue et Vital-Roux.

Cette commission travailla. L'année suivante, elle avait terminé son projet, lequel fut soumis aux observations des tribunaux ainsi que des chambres de commerce. Ces observations ont été imprimées et forment trois volumes in-quarto.

Sur ces observations, les commissaires remanièrent leur travail et trois d'entre eux publièrent même, en 1803, la *Révision du projet de code de commerce.*

Ce dernier projet fut remis au Conseil d'Etat. Là, il dormit quelques années dans les cartons. Il y était presque oublié, lorsqu'en 1806 éclatèrent coup sur coup plusieurs faillites scandaleuses. « Une maison notamment, dit M. Bravard-Veyrières, qui jouissait d'un immense crédit et se livrait à un luxe effréné, manqua de 28 à 30 millions, sans rien changer à ses habitudes de magnificence, sans rien diminuer de son faste. »

Le Conseil d'Etat fut appelé d'urgence à discuter le projet de code de commerce sous la présidence de l'archi-chancelier Cambacérès, pendant que l'Empereur livrait les batailles d'Eylau et de Friedland et traitait à Tilsitt. A son retour, Napoléon voulut prendre une part active à ces travaux législatifs. Il présida notamment le Conseil d'Etat dans les séances pendant lesquelles on remit en discussion le texte du livre sur les faillites et banqueroutes. L'influence de Napoléon se fit sentir dans l'admission des mesures rigoureuses contre la personne du failli, les droits des femmes et les revendications. Déjà pendant son absence il avait agi sur les délibérations du Conseil, et, à propos du système adopté à l'égard des droits de la femme du failli, un conseiller d'Etat put parler de l'intention manifestée par le chef du gouvernement de mettre un terme aux scandales dont on se plaignait depuis longtemps.

Le même langage se retrouve dans le discours de l'orateur du gouvernement présentant le projet de loi au Corps législatif : « Malheureusement cette loi répressive est devenue un besoin public... Le vœu universel l'attend, tout ce que la France renferme de négociants honnêtes la réclame. »

Quoique mûrement étudiée, longuement préparée et discutée, on peut dire, dans un certain sens, que la loi promulguée le

22 septembre 1807 fut faite *ab irato* et sous la pression des circonstances

Il en résulta nécessairement des imperfections, malgré lesquelles l'œuvre législative de 1807 est digne d'éloges et bien supérieure à la loi qu'elle remplaçait.

Les armes françaises portèrent au loin l'influence de notre pays et en même temps que la France était dotée d'une législation nouvelle, les nations voisines, soumises plus ou moins complètement à notre domination, en profitaient.

Aujourd'hui encore, le code que nous appelons le code de 1808, parce qu'il est devenu exécutoire à cette époque, conserve son empire dans plusieurs pays. Ainsi, il a été ou est encore la loi des faillites et banqueroutes pour les *Provinces rhénanes*, la *Grèce*, le *canton de Genève*, le *canton de Vaud* et la *partie du Jura* qui se trouve dans le canton de Berne.

A raison de ce fait, nous étudierons en détail, dans un second paragraphe, le Code de 1808, en le comparant avec la loi de 1838, qui l'a remplacé en modifiant certaines de ses dispositions, mais qui a conservé ses bases fondamentales.

Vingt ans ne s'étaient pas écoulés que la loi des faillites, telle qu'elle était formulée dans le Code de 1808, était violemment critiquée et soulevait partout les plus vives réclamations.

M. de Peyronnet, ministre de la justice, adressa, le 22 mai 1826, aux tribunaux et aux chambres de commerce une circulaire par laquelle il leur demandait leur avis sur les réformes dont la loi des faillites paraissait susceptible. Les observations en réponse à cette circulaire furent réunies au ministère de la justice ; mais la révolution de 1830 interrompit l'œuvre législative, et ce ne fut qu'en 1833 que tous les matériaux recueillis furent soigneusement examinés. Le 13 novembre 1833, une commission fut nommée pour préparer un projet. Le 1er décembre 1834, le projet de loi fut présenté à la Chambre des Députés. Dans cette session et dans les suivantes, l'élaboration de la loi fut longue dans les deux Chambres et sa discussion très-approfondie. On peut dire qu'il est difficile de mettre plus de soin et de science dans la confection d'une loi. Il suffit de nommer quelques-uns de ceux qui y ont participé pour se rendre compte de cette vérité : Persil, Barthe, Sauzet, Renouard, Tripier, Quénault, Vincens, Cunin-Gridaine, Dalloz, Dufaure, etc...

La loi du 28 mai 1838 n'est cependant point parfaite, et ceux mêmes qui ont concouru à sa rédaction le reconnaissent. Donnons à ce propos l'opinion de M. Renouard : « Le régime des faillites était imparfait sous l'ordonnance de 1673 ; il l'était sous le code de 1808, *il le sera sous la loi de* 1838. et surtout il sera accusé de l'être. Ni les enseignements de la pratique la plus expérimentée, ni les ressources de l'esprit le plus délié, ni les combinaisons de la prévoyance la plus sagace ne supprimeront jamais en cette matière les difficultés qui tiennent à sa nature et qui mêlent leurs inévitables inconvénients à toutes les imperfections du législateur. Tout le monde perd dans une faillite ; la sagesse consiste non à empêcher ou à prévenir des sacrifices forcés, mais à les mesurer et à les coordonner. Or, on impute facilement à la loi les maux qui dérivent de la nécessité à laquelle la loi doit obéir, et comme dans aucun temps ou dans aucun pays du monde une loi n'empêchera qu'une faillite ne soit une fort mauvaise affaire, il est à présumer que partout et toujours on se plaindra des législations sur les faillites. »

Est-ce à dire qu'il faille s'arrêter dans la voie des réformes et considérer la loi de 1838 comme le dernier terme du progrès, comme le *minimum* de l'imperfection? Evidemment non. Le temps continue son œuvre et la loi des faillites peut avoir besoin de recevoir de nouvelles modifications. Mais cela ne peut nous empêcher de rendre hommage à l'œuvre terminée en 1838 et à ses auteurs. Le meilleur éloge qu'on puisse faire de cette loi a été fait par les nations voisines de la France, comme la Belgique, l'Italie, qui, ayant à modifier leur législation sur les faillites, ont pensé qu'ils ne pouvaient trouver de meilleur texte que la loi française et ont accepté cette loi en changeant seulement quelques-unes de ses dispositions. C'est là un pas immense fait dans la voie de l'uniformité de législation commerciale dont nous parlions dès le début de cette étude.

Quant au code de 1808, il faut bien reconnaître qu'il était nécessaire de le remanier et les motifs de cette réforme ont été parfaitement donnés dans le rapport de M. Quénault à la Chambre des Députés :

... « L'intérêt de la vindicte publique est sans doute supérieur à tous les autres, mais seulement dans la sphère légitime de son action. Le législateur qui croirait voir dans toute faillite cet intérêt à satisfaire, aux dépens des intérêts privés, oublierait un des objets de sa mission et risquerait même de n'en atteindre aucun : car tous les intérêts privés se soulèveraient contre la loi et se ligueraient pour conspirer à son inexécution. C'est ce qui est arrivé jusqu'à un certain point au législateur de 1807... Qu'a-t-on recueilli de cet excès de sévérité? Plutôt que de s'exposer par une déclaration de faillite à tant d'humiliation, le débiteur s'efforce, en consumant ses dernières ressources, de prolonger un état d'agonie qui le livre à toutes les tentations du désespoir, et lorsqu'il lui est impossible de dissimuler plus longtemps sa situation, il s'enfuit ou se cache, privant ainsi la justice et les créanciers des premières indications que lui seul pourrait fournir sur l'état de ses affaires. La mainmise s'étend à la fois à la personne et sur tous les biens du failli. Par le principe du dessaisissement le code de commerce a comblé sans doute une grave lacune de la législation antérieure qui laissait les faillis en possession de leurs biens, sans même les obliger d'appeler immédiatement leurs créanciers ; mais les auteurs du code de commerce se sont jetés dans un autre excès. En ordonnant que les scellés seront apposés sur les magasins et sur tous les effets mobiliers du failli, sans distinction, ils ont rendu inévitable, au moins pendant le temps de l'agence, l'interruption du commerce du failli, et par suite la perte de son achalandage qui, dans les petites faillites, forme souvent le plus clair de l'actif... Partant du principe que les biens du failli appartiennent à ses créanciers, le code exige que les pouvoirs pour administrer émanent de ces créanciers au moyen d'une délégation plus ou moins directe, selon l'époque de la faillite. De là des changements multipliés dans les rouages de l'administration. Aucun parti décisif ne peut être pris qu'après la révolution des délais établis pour la convocation des créanciers les plus éloignés et ces délais peuvent s'étendre à plus d'une année. Des causes que le code n'a point prévues, telles que des contestations sur des créances viennent augmenter ces retards. Les frais qu'entraîne la multiplicité des formes absorbent tout l'actif liquide. Aucun créancier ne veut, au risque de les perdre, avancer les fonds nécessaires pour faire marcher la faillite. La faillite s'arrête, et les créanciers demeurent privés à la fois de l'exercice de leurs droits individuels et du résultat de leurs poursuites collectives... »

On trouve parmi les œuvres d'un grand romancier contemporain, Honoré de Balzac, un livre intitulé: *Grandeur et décadence de César Birotteau*, dans lequel la faillite se trouve décrite et appréciée de la façon la plus humoristique; la réhabilitation surtout devient réellement dramatique sous la plume de l'écrivain. A l'occasion de cette réhabilitation, il place dans la bouche de l'avocat-général un réquisitoire, qui a pu être prononcé. Le réhabilité est presque porté en triomphe. — « Où me conduisez-vous, mes amis? dit-il. — « Chez vous. » — « Non, il est trois heures; je veux entrer à la Bourse et user de mon droit. » — On sait, en effet, que l'entrée de la Bourse est interdite aux faillis non réhabilités. — « A la Bourse! dit Pillerault au cocher, en faisant un signe expressif à Lebas, car il observait chez le réhabilité des symptômes inquiétants; il craignait de le voir devenir fou.»
— Le héros du roman meurt de joie de s'être réhabilité.

L'auteur, qui, du reste, avait fait des études de droit et avait travaillé chez un avoué, écrivait sous l'empire du code de 1808. Il prend à tâche d'expliquer, comme il le dit, aux gens qui n'ont pas le bonheur d'être négociants, le beau drame de la faillite : « Ce beau drame commercial a trois actes distincts : l'acte de l'agent, l'acte des syndics, l'acte du concordat... » Au milieu d'appréciations fantaisistes, on trouve cette constatation qui était assez exacte avant 1838 : « Cet effroyable gâchis commercial est si bien apprécié à Paris, qu'à moins d'être intéressé dans la faillite pour une somme capitale, tout négociant, quelque peu affairé qu'il soit, accepte la faillite comme un sinistre sans assureurs, passe la perte au compte des *profits et pertes* et ne commet pas la sottise de dépenser son temps ; il continue à brasser ses affaires. Quant au petit commerçant, harcelé par ses fins de mois, occupé de suivre le char de sa fortune, un procès effrayant de durée et coûteux à entamer, l'épouvante ; il renonce à voir clair, imite le gros négociant et baisse la tête en réalisant sa perte.

Les gros négociants ne déposent plus leur bilan ; ils liquident à l'amiable : les créanciers donnent quittance en prenant ce qu'on leur offre. On évite alors le déshonneur, les délais judiciaires, les honoraires d'agréés, les dépréciations de marchandises. Chacun croit que la faillite donnerait moins que la liquidation. Il y a tout autant de liquidations que de faillites à Paris. »

§ 2. — Le Code de 1808 et les Modifications apportees par la loi du 28 mai 1838.

Nous n'avons évidemment pas besoin de composer un traité *ex professo* sur la loi des faillites en France. Un semblable ouvrage n'offrirait rien de neuf, rien qui n'ait été fait avec plus de science et d'autorité. Pour le travail comparatif que nous avons entrepris, une analyse rapide suffira.

On peut diviser la faillite en quatre grandes parties ou périodes :

A. — *Déclaration de la faillite.* — Effets de cette déclaration. — Procédure préparatoire de la solution de la faillite.

B. — 1re solution : *Concordat.*

C. — 2e solution : *Union.*

D. — Règlement des conflits entre diverses espèces de créanciers; répartition de l'actif : — *Ordre entre les créanciers.*

En dehors de ces quatre grandes divisions, on ne trouve plus que deux matières spéciales :

E. — *Les banqueroutes.*

F. — *La réhabilitation.*

Tel est l'ordre que nous allons suivre. Dans chacune de ces divisions, nous rappellerons, de la façon la plus brève, l'état actuel, résultant de la loi du 28 mai 1838 ; puis, nous signalerons les principales différences qui existent entre cette loi et celle qui l'a précédée.

A. — DÉCLARATION DE LA FAILLITE. — EFFETS DE CETTE DÉCLARATION. — PROCÉDURE PRÉPARATOIRE DE LA SOLUTION DE LA FAILLITE.

La *faillite* est l'état d'un commerçant qui a cessé ses paiements, et qui les a cessés en tant que commerçant. Peu importe que son actif soit égal et même supérieur à son passif, s'il se trouve dans la situation prévue par la loi.

La faillite *est déclarée par jugement du tribunal de commerce.* Ce jugement peut être provoqué par le commerçant lui-même (tout failli est tenu, dans les trois jours de la cessation de ses paiements, d'en faire la déclaration au greffe du tribunal de commerce de son domicile) ; ou bien par ses créanciers. Il peut encore être rendu d'office par le tribunal.

Lorsque le failli déclare la cessation de ses paiements, il doit déposer son *bilan*, c'est-à-dire l'exposé de sa situation activement et passivement Le dépôt du bilan a pour effet de permettre d'affranchir le failli du dépôt de sa personne à la maison d'arrêt.

La loi permet de faire déclarer en faillite un commerçant *décédé*, à certaines conditions sur lesquelles nous allons bientôt revenir.

Le jugement déclaratif de faillite est *publié*.

Ce jugement énonce : La fixation, du moins provisoire, de l'époque de la cessation de paiements ; — la nomination d'un ou plusieurs syndics provisoires ; — la nomination d'un juge-commissaire, chargé de surveiller les opérations de la faillite. — Il ordonne l'apposition des scellés au domicile et aux magasins du failli.

Le jugement déclaratif de la faillite, et celui qui fixe à une date antérieure l'époque de la cessation de paiements, sont *susceptibles d'opposition* de la part du failli, dans la huitaine, et de la part de tout autre intéressé, pendant un mois, à partir de la publication du jugement.

Le jugement déclaratif entraîne plusieurs effets importants :

1º Dessaisissement. — Le failli se trouve dessaisi de l'administration de sa fortune ; cette administration passe aux syndics, représentant la masse créancière, et agissant en justice au nom du failli.

2º Hypothèque au profit de la masse créancière sur les immeubles du failli.

3º Exigibilité de toutes les dettes du failli.

4º Les dettes chirographaires cessent de produire des intérêts, du moins à l'égard de la masse.

Les créanciers, ayant une cause légitime de préférence, peuvent réclamer les intérêts qui suivent accessoirements le sort de leurs créances, mais seulement sur les sommes provenant des objets affectés à la garantie desdites créances.

5° Les priviléges et hypothèques existant contre le failli ne peuvent plus être valablement inscrits.

6° Cessation des poursuites individuelles.

7° Annulabilité de certains actes postérieurs à la cessation des paiements, s'il est établi que ceux qui ont traité avec le failli avaient connaissance de cette cessation. (Tous paiements faits par le débiteur pour dettes échues et tous actes à titre onéreux par lui passés.)

Annulabilité des inscriptions de priviléges ou d'hypothèques prises depuis la cessation des paiements ou dans les dix jours qui l'ont précédée, si elles l'ont été plus de quinze jours après la naissance de la créance.

8° Nullité de plein droit de certains actes émanant du failli à l'époque de la cessation des paiements ou dans les dix jours qui ont précédé cette cessation. (Tous actes translatifs de propriété, à titre gratuit ; — tous paiements de dettes non échues ; — tous paiements même de dettes échues, s'ils ont été faits autrement qu'en espèces ou en effets de commerce ; — toute constitution d'hypothèque pour dette antérieurement contractée.)

Le syndic provisoire (ou les syndics provisoires, si le tribunal en a nommé plusieurs), procède à la levée des scellés et à l'inventaire des biens du failli. Les livres de commerce lui sont remis ; il les clôt et les arrête. Si le failli n'a pas déposé son bilan, il dresse ce bilan. Il remet, dans le plus bref délai, au juge-commissaire, un mémoire dans lequel il décrit l'état apparent de la faillite et apprécie ses causes et ses résultats probables.

Le juge-commissaire est spécialement chargé d'accélérer et de surveiller les opérations de la faillite ; il préside les assemblées de créanciers ; il fait au tribunal son rapport sur toutes les contestations que la faillite fait naître ; il donne des autorisations au syndic, dans les cas prévus par la loi. Ses ordonnances ne sont sujettes à recours que lorsqu'un texte de la loi l'a expressément indiqué.

Aussitôt après le jugement déclaratif, le juge-commissaire *convoque les créanciers présumés* à se réunir, dans un délai qui n'excède pas quinze jours. A cette réunion, il consulte les créanciers présents, tant sur la composition de l'état des créanciers que sur le maintien ou le remplacement du ou des syndics provisoires.

Sur le vu de ce procès-verbal, le tribunal maintient les syndics provisoires (qui deviennent définitifs) ou nomme des *syndics définitifs*. — Il peut toujours n'être nommé qu'un syndic.

Le syndic doit immédiatement, de concert avec le juge-commissaire, procéder à la *vérification des créances*.

Aucun créancier ne peut faire partie de la masse (en conséquence, voter au concordat, ni prendre part aux répartitions de l'actif), s'il n'a fait vérifier et s'il n'a affirmé sa créance.

Le créancier, (ou le mandataire pourvu d'un pouvoir spécial), peut, aussitôt après le jugement déclaratif, remettre ses titres au greffier du tribunal de commerce, qui lui en donne récépissé. Les titres doivent être accompagnés d'un bordereau de production.

Après la nomination du syndic définitif, le greffier du tribunal de commerce envoie à tous les créanciers présumés une lettre les avertissant d'avoir à produire leurs titres. Tous les créanciers sont, du reste, mis en demeure, par des insertions dans les journaux. La date de ces insertions sert de point de départ au délai de production. Ce délai est de vingt jours pour les créanciers qui habitent le lieu où siége le tribunal. Il est augmenté à raison des distances.

La vérification des créances a lieu après l'expiration des délais déterminés pour les créanciers demeurant en France. Le jour et l'heure en sont indiqués dans une nouvelle convocation par lettre du greffier et insertions dans les journaux.

La vérification des créances se fait en assemblée générale.

Les créances des syndics sont vérifiées par le juge-commissaire;

les autres le sont en sa présence, contradictoirement entre le créancier ou son mandataire, les syndics, le failli, et les créanciers portés au bilan ou vérifiés.

La créance peut être admise sans contestation ; elle peut aussi être contredite. Nous reviendrons bientôt sur ce qui a lieu en ce cas.

Le créancier, dont le privilége ou l'hypothèque seulement est contestée, est admis dans les délibérations de la faillite comme créancier ordinaire.

Lors de l'admission, le syndic signe sur le titre même de la créance la déclaration suivante : *admis au passif de la faillite... pour la somme de...* Le juge-commissaire appose son *visa*.

Chaque créancier, dans la huitaine au plus tard de la vérification de sa créance, est tenu d'*affirmer*, entre les mains du juge-commissaire, qu'elle est sincère et véritable.

A défaut de vérification, nul créancier n'a le droit de voter au concordat, et, quant aux répartitions de l'actif qui resteraient à faire, il ne peut y prendre part, jusqu'à concurrence de ce qui est afférent à sa créance, qu'après avoir fait signifier une opposition au syndic et avoir débattu contradictoirement avec lui la sincérité de sa créance.

Tant qu'aucune solution de la faillite n'est intervenue, le syndic doit prendre toutes les mesures conservatoires nécessaires. Il doit faire inscrire l'hypothèque accordée par la loi à la masse créancière. Il administre les biens du failli, opère le recouvrement de ses créances. Il peut être autorisé par le juge-commissaire à faire vendre les marchandises, les objets sujets à dépérissement; à exploiter le fonds de commerce du failli; à transiger sur toutes les contestations qui intéressent la masse créancière.

Après ce coup-d'œil général donné sur cette première période de la faillite, nous pouvons prendre le détail des *modifications apportées au code de* 1808 par la nouvelle loi des faillites.

Le code n'avait fixé aucun délai pour la déclaration de faillite d'un débiteur décédé. Il fallait tenir compte de deux intérêts : d'une part, laisser aux créanciers le temps d'apprécier la situation des affaires du débiteur ; d'autre part, ne pas permettre qu'après un temps assez long on pût venir jeter le trouble dans les familles. La loi de 1838 a adopté un délai d'*un an*, à partir du décès.

Dans l'intérêt d'une bonne publicité du jugement déclaratif ou du jugement qui changerait l'époque de la cessation des paiements, la nouvelle loi a voulu que l'affiche et l'insertion dans les journaux fussent faites tant dans le lieu où la faillite aurait été déclarée que dans tous ceux où le failli aurait des établissements de commerce.

Nous avons rappelé les nullités de plein droit prononcées par la loi pour certains actes passés par le failli, après la cessation des paiements, ou dans les dix jours qui ont précédé cette cessation. Plusieurs modifications ont dû être apportées, en cette matière, au code de 1808. Il avait le tort de maintenir la créance et d'annuler l'hypothèque, consentie pour sûreté de cette même créance et en même temps qu'elle, lorsque l'acte avait été passé dans la période dont s'agit. D'après la loi de 1838, l'hypothèque, en ce cas, suit le sort de la créance ; elle est maintenue, si la créance est maintenue ; annulée, si la créance est annulée. Mais n'est pas valable le privilége ou l'hypothèque constituée pour dette antérieurement contractée, et la loi a eu raison d'ajouter l'antichrèse, qui peut être aussi dommageable aux créanciers chirographaires que l'hypothèque.

Une autre addition qui résulte de la loi de 1838, c'est la nullité de plein droit des donations d'objets mobiliers faites dans l intervalle qui nous occupe.

Le Code de 1808 admettait une époque antérieure à la cessation des paiements, caractérisée par différents faits, comme la retraite du débiteur, la clôture de ses magasins, le refus de paiements, par lesquels s'était manifestée la crise qui devait faire tomber le commerçant. Cette époque était appelée *l'ouverture de la faillite*. La loi de 1838 a supprimé cette dénomination ; mais elle a suppléé à cela en laissant la plus grande latitude aux magistrats pour déterminer l'époque de la cessation des paiements.

Nous avons vu que les privilèges et les hypothèques ne peuvent plus être valablement inscrits après le jugement déclaratif. Mais une fraude, qui se produisait assez souvent, consistait à reculer jusqu'au dernier moment une inscription, pour que le débiteur pût présenter comme libres des biens réellement grevés. C'est pour prévenir cette fraude que la loi de 1838 a édicté l'annulabilité des inscriptions prises après la cessation des paiements, et distantes de plus de quinze jours de l'acte constitutif du privilège ou de l'hypothèque.

Le porteur d'un effet de commerce doit le présenter à l'échéance et ne peut refuser payement. L'article 449 de la loi 1838 le met à l'abri d'un danger en décidant que « dans le cas où les lettres de change auraient été payées après l'époque fixée comme étant celle de la cessation des paiements et avant le jugement déclaratif de faillite, l'action en rapport ne pourra être intentée que *contre celui pour le compte duquel la lettre de change aura été fournie*. — S'il s'agit d'un billet à ordre, l'action ne pourra être exercée que contre le premier endosseur. — Dans l'un et l'autre cas, la preuve que celui à qui on demande le rapport *avait connaissance de la cessation de paiements à l'époque de l'émission du titre*, devra être fournie.

La loi de 1838 a réglé d'une façon précise, ce que le code n'avait pas fait, le sort des intérêts à partir du jugement déclaratif (art. 445).

Le code de 1808 disait dans son article 448 : « à l'égard des effets de commerce, pour lesquels le failli se trouvera être l'un des obligés, les autres obligés ne seront tenus que de donner caution pour le paiement a l'échéance, s'ils n'aiment mieux payer immédiatement. »

En cas de faillite d'un endosseur, on soutenait que les endosseurs postérieurs au failli seulement, étaient tenus de fournir caution, parce que ceux-là seuls avaient cédé la signature du failli. La loi de 1838 a supprimé absolument l'obligation de fournir caution, en cas de faillite d'un endosseur.

Une autre limitation apportée par la loi de 1838 (art. 444) à l'article 448 du Code, consiste à ne réserver au porteur le droit de demander caution, en cas de faillite du tireur, qu'autant que le tiré n'a pas accepté.

On voulait même aller plus loin en ce sens, et M. le rapporteur Quénault nous le dit en ces termes : « Quelques personnes ont combattu la disposition de l'article 444 qui, en cas de faillite du souscripteur d'un billet à ordre, de l'accepteur d'une lettre de change ou du tireur *à défaut d'acceptation*, soumet les autres obligés à donner caution pour le paiement de l'échéance, s'ils n'aiment mieux payer immédiatement. Il y a une excessive rigueur, a-t-on dit, à contraindre les endosseurs qui ne sont que des débiteurs secondaires, soit à rembourser une lettre de change avant son échéance, soit, ce qui est aussi difficile pour eux, à donner caution de son remboursement. Autoriser ces recours anticipés et imprévus, c'est s'exposer, dans les temps de crise commerciale, à augmenter la perturbation. Mais l'on a répondu *qu'on ne pouvait sans détruire les conditions essentielles au crédit de la lettre de change, supprimer, en cas de faillite, les effets de la garantie solidaire* à laquelle sont tenus tous les signataires; et que la seule modification qui fût autorisée par les usages du commerce consistait *à restreindre le recours anticipé des tiers porteurs au cas de faillite des débiteurs principaux.* »

Dans bien des cas, les créanciers, effrayés par les avances nécessitées par les opérations de la faillite, préféreraient subir la loi de leur débiteur. L'article 461 de la loi de 1838, introductif d'un droit nouveau, a voulu que, sur ordonnance du juge-commissaire, l'avance des frais nécessaires pour les premières opérations de la faillite (jugement déclaratif, affiches et insertions dans les journaux, apposition des scellés, dépôt du failli dans la maison d'arrêt), fût faite par le trésor, qui devra être remboursé par privilège sur les premiers recouvrements.

Quant à *l'administration de la faillite*, nous savons que le Code de 1808 partait du principe que les biens du failli appartiennent à ses créanciers, et que si, dans les premiers moments, il faut pourvoir d'urgence à la gestion de ces biens, en attendant que les créanciers puissent être réunis, il faut remettre ensuite l'administration à des délégués de la masse. En vertu de ces idées, le Code avait multiplié les rouages et fait succéder l'une à l'autre trois administrations distinctes. Pour employer encore les expressions de de M. le rapporteur Quénault, l'administration de la faillite manquait ainsi de simplicité, d'unité et d'esprit de suite.

Voyons d'abord ce qu'était dans le Code ce que Balzac appelait *l'acte de l'agent* :

Par le jugement déclaratif, le tribunal nomme un de ses membres comme juge-commissaire et un ou plusieurs agents. Ces agents sont salariés, lorsqu'ils ne sont pas pris parmi les créanciers. — Nul ne peut être nommé agent deux fois dans la même année, à moins qu'il ne soit créancier.— Les agents gèrent provisoirement la faillite pendant quinze jours au plus, à moins qu'il y ait prorogation par le tribunal ; mais une seule prorogation peut avoir lieu et pour quinze jours au plus.

Les agents font apposer les scellés ; ils s'occupent des recouvrements des créances du failli ; ils font vendre les objets sujets à détérioration; ils arrêtent les livres en présence du failli dûment appelé; si le failli n'a pas déposé son bilan, ils procèdent à la confection de ce bilan.

Quand les créanciers sont réunis, ils présentent au juge-commissaire une liste contenant trois fois plus de noms qu'il y a lieu de nommer de syndics. C'est sur cette liste que le tribunal désigne les syndics provisoires.

Dans les vingt-quatre heures de la nomination des syndics provisoires, les agents cessent leurs fonctions et rendent leur compte.

Ces dispositions de l'ancien Code ont donné lieu à de vives attaques. On a critiqué avec raison le mode de nomination des syndics.

« Dans cette assemblée électorale, dit Balzac, dans l'ouvrage dont nous avons déjà eu l'occasion de parler, ont droit de voter ceux auxquels il est dû cinquante sous comme les créanciers de cinquante mille francs : les voix se comptent et ne se pèsent pas. Cette assemblée, où se trouvent les faux électeurs introduits par le failli, les seuls qui ne manquent jamais à l'élection, proposent pour syndics les créanciers parmi lesquels le juge-commissaire, président sans pouvoirs, est *tenu* de nommer les syndics. Ainsi, le juge-commissaire prend presque toujours de la main du failli les syndics qu'il lui convient d'avoir... »

Parlons de l'*acte des syndics* :

Ils requièrent la levée des scellés; ils procèdent à l'inventaire; dans la huitaine de leur entrée en fonctions, ils remettent au parquet un mémoire sur l'état apparent de la faillite; ils continuent les recouvrements; ils font vendre les marchandises; ils prennent l'inscription de l'hypothèque légale accordée à la masse créancière.

Le Code de 1808 était très-rigoureux à l'égard de la personne du failli. Son arrestation et son incarcération étaient obligatoires. Aujourd'hui, la loi, plus humaine, et entendant mieux aussi, il faut le dire, le véritable intérêt des créanciers, a rendu facultatif le dépôt du failli à la maison d'arrêt.

La loi de 1838 a cherché à rendre moins dispendieuse la procédure de la faillite. Par exemple, le Code exigeait qu'une *expédition* du jugement déclaratif fût adressée au juge de paix et que ce magistrat envoyât au tribunal *l'expédition* de son procès-verbal d'apposition de scellés. Un simple avis remplace, dans les deux cas, la formalité coûteuse de l'expédition.

La loi de 1838 a voulu aussi (art. 455) qu'il ne fût pas apposé de scellés dans le cas où l'actif du failli paraîtrait au juge-commissaire pouvoir être inventorié en un jour et où il serait immédiatement procédé à cet inventaire.

Le Code de 1808 voulait que le syndicat fût gratuit, lorsqu'il était exercé par un créancier. M. Bravard-Veyrières disait à ce sujet : « Dans l'état actuel des choses, si certains créanciers se chargent sans rétribution du fardeau de l'administration, c'est qu'ils y entrevoient pour eux d'autres avantages qui leur tiennent lieu et amplement de salaire : *rien n'est plus dispendieux, plus ruineux même, pour les masses, que ces administrations réputées gratuites.* »

D'après l'article 462 de la loi de 1838, les syndics pourront recevoir une indemnité, *quelle que soit leur qualité.*

Le Code n'avait pas limité le nombre des agents ou des syndics ; la loi de 1838 a fixé *un maximum de trois.* Une autre innovation de la loi a été l'exclusion du syndicat des parents et alliés du failli jusqu'au quatrième degré inclusivement.

D'après la loi de 1838, ce n'est plus directement au parquet que les syndics adressent leur mémoire sur l'état apparent de la faillite ; ce mémoire doit être remis au juge-commissaire, et c'est ce magistrat qui le remet au parquet.

Il n'est pas bon que les deniers provenant des ventes et des recouvrements restent aux mains des syndics. Le Code de 1808 y avait pourvu de la manière suivante : Toutes les sommes que les agents ou les syndics recevaient étaient versées dans une caisse à deux clefs, dont l'une restait entre les mains du plus âgé des agents ou syndics, et l'autre entre celles d'un créancier désigné par le juge-commissaire. Pour les syndics, toutes les semaines, un état des deniers reçus devait être remis au juge-commissaire qui pouvait ordonner le versement des fonds à la caisse d'amortissement.

Il paraît qu'on n'a vu nulle part la caisse à double serrure et qu'elle n'a jamais fonctionné.

Voici les mesures qui ont été prises par le nouveau code : tous les fonds, sous la déduction des sommes arbitrées par le juge-commissaire, doivent être versés à la Caisse des dépôts et consignations. Ils pourront être retirés sur la simple ordonnance du juge-commissaire. Les répartitions pourront même être faites directement par la Caisse aux créanciers.

Les délais pour la vérification des créanciers étaient très-longs, d'après l'ancien code. Aucune solution ne pouvait intervenir avant l'expiration de ces délais, même de ceux accordés aux créanciers demeurant hors de France. Lorsqu'une contestation se présentait, les délais s'éternisaient, parce qu'il fallait attendre que le procès fût terminé, et il y en avait souvent plusieurs, qui parcouraient tous les degrés de juridiction.

Les auteurs de la loi de 1838 ont trouvé divers expédients qui ont permis de remédier à cet état de choses :

Lorsque la contestation est portée devant le tribunal de commerce, et si la cause n'est pas en état de recevoir jugement définitif avant l'expiration des délais fixés à l'égard des créanciers domiciliés en France, le tribunal ordonne, suivant les circonstances, qu'il soit sursis ou bien passé outre à la convocation des créanciers pour la formation du concordat. Si le tribunal ordonne qu'il sera passé outre, il pourra décider par provision que le créancier contesté sera admis à délibérer et que son vote sera compté suivant une somme arbitrée par le jugement

Si la contestation est portée devant un tribunal civil, le tribunal de commerce décidera toujours la question de savoir s'il sera ou non passé outre à l'assemblée pour le concordat. Mais c'est le tribunal civil qui juge si le créancier sera admis par provision aux délibérations et pour quelle somme.

Si, enfin, une créance fait l'objet d'une instruction criminelle, le tribunal de commerce décidera encore s'il y a lieu de passer outre aux délibérations pour le concordat. S'il ordonne de passer outre, le créancier contesté ne pourra pas y prendre part (art. 499 et 500).

Sous l'empire de l'ancien code, il arrivait souvent qu'une faillite n'avait pas de solution, par suite de l'insuffisance de l'actif. Cette situation était remplie d'inconvénients. La loi de 1838 (art. 527 et 528) a créé la *clôture de la faillite pour cause d'insuffisance d'actif*. A quelque époque que le cours des opérations soit arrêté, le tribunal pourra prononcer cette clôture. Un mois après le jugement, chaque créancier rentre dans l'exercice de ses droits contre le failli. Mais celui-ci ou l'un des créanciers peut faire rapporter le jugement en justifiant qu'il existe des fonds suffisants pour faire face aux frais.

En matière de recours contre les décisions rendues, la loi de 1838 a voulu abréger les délais et supprimer même les recours dans plusieurs cas où le Code les admettait. La marche de la faillite se trouve ainsi simplifiée et accélérée. Ainsi, le délai d'appel est de quinzaine à partir de la signification.

Après la vérification et l'affirmation des créances, la date de la cessation des paiements telle qu'elle a été fixée par le jugement déclaratif ou par un jugement postérieur, est définitivement acquise et ne peut être reportée à une époque antérieure sur la demande d'un ou plusieurs créanciers. C'est là une disposition nouvelle de la loi de 1838 (art. 581).

B. — CONCORDAT.

Les créanciers vérifiés et affirmés (ou admis par provision, d'après la loi de 1838) sont convoqués pour délibérer sur la formation du concordat. Il ne s'établit que par le concours d'un nombre de créanciers formant la majorité des créanciers vérifiés, présents ou non à la réunion, et représentant en outre les trois quarts de la totalité des créances vérifiées et affirmées (ou admises par provisions).

Le failli est appelé à l'assemblée, il doit s'y présenter en personne. Les syndics y font un rapport sur l'état de la faillite, les formalités remplies et les opérations faites. Ce rapport est remis au juge-commissaire, lequel dresse procès-verbal de ce qui est dit et décidé dans cette assemblée.

Les créanciers qui ont une cause légitime de préférence (hypothécaires, privilégiés ou nantis de gage) n'ont pas voix délibérative et leurs créances ne sont pas comptées, à moins qu'ils ne renoncent à leurs hypothèques, gages ou privilèges.

La loi de 1838 a même ajouté la disposition rigoureuse que le vote au concordat emportait de plein droit renonciation à la sûreté garantissant le paiement de la créance. (art. 508).

Le concordat doit, à peine de nullité être signé séance tenante S'il est consenti seulement par la majorité en nombre ou bien par la majorité en somme, la délibération est remise à huitaine pour tout délai, et dans ce cas, les résolutions prises dans la première assemblée sont sans effet.

Le concordat, c'est-à-dire, le traité passé entre le failli et la majorité de ses créanciers telle qu'elle est voulue par la loi, n'est valable que s'il est homologué par le tribunal, et cette homologation le rend obligatoire pour tous les créanciers.

D'après le code de 1808, le banqueroutier simple pouvait se faire réhabiliter, mais on ne pouvait lui consentir un concordat. La loi de 1838 a fait disparaître cette anomalie.

Les créanciers dissidents peuvent former opposition au concordat. Les syndics peuvent également former opposition. L'ancien code n'avait pas prévu le cas où, lorsqu'il n'y avait qu'un seul syndic, ce syndic se rendait opposant. La loi de 1838 a décidé que, dans ce cas, on nommerait un second syndic, lequel recevrait la signification de l'opposition.

Elle a en outre apporté une simplification, consistant à faire statuer sur les oppositions et sur l'homologation par un seul et même jugement.

D'après l'ancien code, le tribunal de commerce ne se décidait pour ou contre l'homologation du concordat que suivant la moralité du failli. Lorsque l'homologation était refusée, le failli était par cela même en prévention de banqueroute. La loi de 1838 a laissé plus de latitude aux magistrats pour l'examen du traité entre le failli et ses créanciers et elle a repoussé la présomption de banqueroute qui s'élevait contre le failli dont le concordat n'était pas homologué.

Aucune action en nullité du concordat n'est recevable, après l'homologation, que pour cause de dol découvert depuis cette homologation et résultant soit de la dissimulation de l'actif soit de l'exagération du passif. — La banqueroute frauduleuse entraîne l'annulation du concordat.

L'annulation du concordat libère de plein droit les cautions qui ont garanti l'exécution du traité. Il en est autrement en cas de *résolution* obtenue pour cause d'inexécution par le failli des conditions de son concordat.

Lorsque le concordat vient à être résolu ou annulé, ou bien encore en cas d'une deuxième faillite, la loi de 1838 (art. 526), pour concilier les droits de tous les créanciers, veut que les créanciers antérieurs au concordat rentrent dans l'intégralité de leurs droits à l'égard du failli, mais ne puissent figurer dans la masse que dans les proportions suivantes : — s'ils n'ont touché aucune part du dividende, pour l'intégralité de leurs avances ; s'ils ont reçu une part du dividende pour la portion de leurs créances primitives correspondantes à la portion du dividende promis qu'ils n'auraient pas touchée.

Une loi postérieure à celle du 28 mai 1838 (17 *juillet* 1856), a introduit, par le nouvel article 544 du code de commerce, une variété du concordat, qui a l'avantage de libérer le failli et en même temps de donner aux créanciers la garantie de la liquidation judiciaire : c'est le *concordat par abandon d'actif*. Le failli fait abandon de tout ou partie de ses biens à ses créanciers, et il est procédé à la liquidation et à la répartition de l'actif conformément aux règles de l'union.

C — UNION.

S'il n'intervient pas de concordat, les créanciers sont en état d'union.

Dans le code de 1808, l'union se manifestait par la nomination de syndics définitifs, faite directement par la majorité des créanciers présents à l'assemblée. Cette même assemblée nommait aussi un caissier chargé de recevoir les deniers recouvrés.

La loi de 1838 a visé à l'unité de l'admistration de la faillite : les créanciers sont simplement consultés sur l'utilité du maintien ou du remplacement des syndics.

Même après l'union, des secours peuvent être accordés au failli. D'après l'ancien code, le tribunal décidait cette question. Aujourd'hui, il est nécessaire que la majorité des créanciers consente à distraire pour cet objet une partie de l'actif de la faillite : les syndics proposent la quotité des secours, et elle est déterminée par le juge-commissaire, sauf recours au tribunal, mais seulement de la part des syndics.

La loi de 1838 a parfaitement réglé les pouvoirs des syndics de l'union, qui doivent procéder à la liquidation. En vertu d'un mandat exprès des créanciers, ils peuvent être autorisés à continuer l'exploitation du fonds de commerce, ou en général du commerce ou de l'industrie du failli (art. 532 et 533).

Après l'union, les syndics peuvent transiger sur toute espèce de droits mobiliers *ou même immobiliers du failli, nonobstant toute opposition de sa part* (art. 535).

Les syndics de l'union sont obligés de rendre compte à l'expiration de leur mandat. Le code de 1808 se contentait de cette obligation. D'après le nouveau code, les syndics doivent, à certaines époques, se mettre en rapport avec la masse créancière pour lui rendre compte des opérations de la faillite et demander que leur mandat leur soit continué. « Les créanciers en état d'union seront convoqués au moins une fois la première année, et, dans les années suivantes, s'il y a lieu. » (art. 536).

A la dissolution de l'union, les créanciers sont consultés sur la question de savoir si le failli est ou non excusable.

A cette même époque, les créanciers rentrent dans l'exercice de leurs actions individuelles, conservant tous leurs droits et actions sur les biens qui pourraient advenir au failli.

Le code de 1808, pour venir en aide au débiteur malheureux et de bonne foi et pour lui permettre de se soustraire à l'exercice de la contrainte par corps, avait organisé le bénéfice de la *cession de biens* en matière de faillite.

La cession de biens conférait aux créanciers le droit de se mettre en possession des biens du failli, d'en percevoir les fruits et de les faire vendre pour s'en partager le prix au prorata des créances.

N'étaient pas admis à ce bénéfice, les stellionataires, les banqueroutiers frauduleux, les comptables, les individus condamnés pour vol ou escroquerie, les étrangers, les tuteurs, administrateurs ou dépositaires.

M. le rapporteur Quénault, après avoir parlé de la déclaration d'excusabilité, disait: « Ces dispositions permettent de supprimer, à l'égard des débiteurs commerçants, le bénéfice de cession de biens, *qui n'avait d'utilité réelle que sous le régime de l'union, en l'absence de toute disposition protectrice du sort du failli*. La demande d'admission au bénéfice de cession de biens qui, *dans tous les autres cas, ne servait qu'à éluder les règles spéciales établies contre le failli*, avait, en outre, l'inconvénient de rendre juge de sa moralité un *tribunal civil*, étranger à l'ensemble des circonstances de la faillite et dépourvu des renseignements nécessaires pour le mettre à portée d'apprécier son caractère. »

Aujourd'hui l'abolition de la contrainte par corps a rendu sans utilité pratique la déclaration d'excusabilité.

D — ORDRE ENTRE LES CRÉANCIERS.

Coobligés et cautions. — Le créancier porteur d'engagements souscrits, endossés ou garantis solidairement par le failli et d'autres coobligés qui sont en faillite, participera aux distributions dans toutes les masses et y figurera pour la valeur nominale de son titre, jusqu'à parfait paiement.

Aucun recours, en principe, n'est ouvert, à raison des dividendes payés, aux faillites des coobligés les unes contre les autres. — Il peut se faire toutefois que le créancier soit intégralement payé et que, dans une masse, il reste une somme libre. La loi veut que cet excédant soit dévolu, selon l'ordre des engagements, à ceux des coobligés qui auraient les autres pour garants.

En cas de paiement partiel accepté par le créancier de l'un de ses co-débiteurs, si ce co-débiteur était *in bonis*, le créancier ne peut plus produire que pour le surplus de sa créance ; le coobligé ou la caution qui aura fait le paiement partiel sera comprise dans la même masse pour tout ce qui aura été payé à la décharge du failli. — Si, au contraire, le co-débiteur, dont le paiement partiel a été reçu, était en faillite, le créancier conserve son action pour le tout jusqu'à parfait paiement.

Créanciers hypothécaires, privilégiés ou nantis de gage. — L'article 2012 du code civil, accorde un privilége au créancier, vendeur d'objets mobiliers. La loi de 1838 a supprimé ce privilége, pour ne laisser subsister que le droit de revendication dans les limites que nous allons avoir à indiquer bientôt.

Le privilége du bailleur des lieux occupés par le failli reçoit plusieurs restrictions. D'après la loi de 1838, toutes voies d'exécution pour parvenir au paiement des loyers sur les effets mobiliers servant à l'exploitation du commerce du failli, étaient suspendues pendant trente jours. Mais si le bailleur était en droit de reprendre possession des lieux loués, la suspension des poursuites cessait de plein droit.

La loi veut que les créanciers puissent prendre le temps de se concerter et de continuer, s'il y a lieu, l'exploitation du fonds de commerce.

Cette matière a été réglée à nouveau par une loi du 19 février 1872 (art. 450 et 550 du code de commerce actuellement en vigueur).

D'après cette loi nouvelle, les syndics ont *huit jours à partir du délai accordé aux créanciers domiciliés en France pour la vérification des créances*, pendant lesquels ils peuvent notifier au propriétaire leur intention de continuer le bail au nom de la masse créancière. C'est jusqu'à l'expiration dudit délai de huit jours que toutes voies d'exécution (et toutes actions en résiliation) se trouvent suspendues. S'il veut user des causes de résiliation déjà existantes, le bailleur doit le faire dans les quinze jours de la notification, ainsi faite par les syndics.

En cas de résiliation, le propriétaire n'a de privilége que pour les termes échus pendant deux ans, à partir du jugement déclaratif de faillite et pour l'année courante.

Les créanciers ont le droit de s'opposer à la demande en résiliation qui serait formée par le propriétaire, à la condition de payer les loyers, de garnir les lieux et de donner pour l'avenir des sûretés suffisantes.

Avant la loi de 1838, la jurisprudence refusait un privilége pour leurs salaires aux ouvriers et aux commis. Cette loi (art. 549) s'exprime ainsi : « Le salaire acquis aux ouvriers employés directement par le failli *pendant le mois* qui aura précédé la déclaration de faillite, sera admis au nombre des créances privilégiées, au même rang que le privilége établi par l'article 2101 du code civil, pour le salaire des gens de service. — Les salaires dûs aux commis pour les six mois qui auront précédé la déclaration de faillite seront admis au même rang. »

Les syndics présenteront au juge-commissaire l'état des créanciers se prétendant privilégiés sur les biens meubles et le juge-commissaire autorisera, s'il y a lieu, le paiement de ces créanciers sur les premiers deniers rentrés. — Si le privilège est contesté, le tribunal prononcera.

Les créanciers nantis de gage ne sont compris dans l'actif que pour mémoire. Si les syndics estiment que la valeur du gage excède le montant de la créance, ils peuvent se faire autoriser à le retirer en remboursant le créancier. Si le gage n'est pas retiré par les syndics, le créancier devra le faire vendre. Dans ce cas, si le prix de vente excède la créance, le surplus rentrera dans la masse. Si le prix est inférieur à la créance, le créancier produira chirographairement pour la différence.

Les droits des femmes ont été ramenés à des limites rigoureuses.

La femme dont les apports en immeubles ne se trouveraient pas mis en communauté reprendra ces immeubles en nature, ainsi que ceux qui lui seraient advenus par succession, donation ou testament. Elle reprendra également les immeubles acquis pour elle et en son nom des deniers provenant des donations ou successions à elle échues, pourvu que la déclaration d'emploi soit expressément stipulée et que l'origine des deniers soit dûment constatée.

Hors le cas ci-dessus, la présomption légale est que les biens acquis par la femme du failli appartiennent à son mari, ont été payés de ses deniers et doivent être réunis à la masse de son actif, sauf à la femme à fournir la preuve contraire.

Quant à la reprise des effets mobiliers, le code de 1808 l'admettait, moyennant les justifications nécessaires, pour ceux que la femme prouvait lui avoir été donnés par contrat de mariage, ou lui être advenus par succession. La loi de 1838 a étendu cette disposition aux effets mobiliers advenus à la femme par donation entrevifs ou testamentaire.

Si la femme a payé des dettes pour son mari, la présomption

légale est qu'elle l'a fait des deniers de celui-ci, et elle ne pourrait, en conséquence, exercer aucune action dans la faillite, sauf la preuve contraire.

« La femme, dit le code de 1808, article 549, ne pourra exercer dans la faillite aucune action à raison des avantages portés au contrat de mariage, et réciproquement, les créanciers ne pourront se prévaloir, dans aucun cas, des avantages faits par la femme au mari dans le même contrat. »

La loi de 1838 restreint cette disposition au cas prévu par le code même pour la restriction de l'hypothèque légale de la femme et qui est le suivant : lorsque le mari sera commerçant au moment de la célébration du mariage, ou lorsque, n'ayant pas alors d'autre profession déterminée, il sera devenu commerçant dans l'année. Il faut, en effet, que la femme ait pu s'attendre à ces restrictions de ses droits.

Nous venons de parler des restrictions à l'hypothèque légale. D'après le code de 1808, cette hypothèque ne pouvait porter que sur les immeubles appartenant au mari à l'époque de la célébration du mariage. La loi de 1838 y a ajouté les immeubles « qui lui seraient advenus depuis, soit par succession, soit par donation entre-vifs ou testamentaire. » Il est bien certain que ces immeubles n'ont pas été acquis avec des valeurs fournies par les créanciers.

L'hypothèque légale a lieu : 1° pour les deniers et effets mobiliers que la femme aura apportés en dot, ou qui lui seront advenus depuis le mariage par succession entre vifs ou testamentaire, et dont elle prouvera la délivrance ou le paiement par acte ayant date certaine ; 2° pour le remploi de ses biens aliénés pendant le mariage ; 3° pour l'indemnité des dettes par elle contractées avec son mari (art. 563 de la loi de 1838).

A l'égard des créanciers hypothécaires ou ayant un privilége spécial sur les immeubles, tout doit être réglé, en définitive, comme si le prix des immeubles avait été distribué d'abord. Si une partie de leurs créances reste impayée, ils se présentent pour le surplus à la masse chirographaire.

Si la répartition du prix des meubles a lieu avant celle du prix des immeubles, ils ont le droit, comme tous les créanciers, de se présenter à cette répartition.

On sait que les créanciers privilégiés sur les immeubles ou hypothécaires peuvent, jusqu'à l'union, et nonobstant le jugement déclaratif, poursuivre l'expropriation des immeubles affectés à leurs créances. Après l'union, ils peuvent seulement continuer les poursuites commencées antérieurement.

S'il n'y a pas de poursuite en expropriation commencée avant l'époque de l'union, les syndics seuls sont admis à poursuivre la vente. Ils y procèdent suivant les formes prescrites pour la vente des biens de mineurs.

Quant au droit de surenchérir, il n'était accordé par l'ancien code que pendant la huitaine après l'adjudication et aux créanciers seulement. D'après la loi de 1838, article 573 : La surenchère devra être faite *dans la quinzaine*. — Elle ne pourra être au-dessous du dixième du prix principal de l'adjudication. Elle sera faite au Greffe du Tribunal civil, suivant les formes prescrites par les articles 710 et 711 du Code de procédure civile ; *toute personne sera admise à surenchérir*. — Toute personne sera également admise à concourir à l'adjudication par suite de surenchère. Cette adjudication demeurera définitive et *ne pourra être suivie d'aucune autre surenchère.*

3. *Revendication* — Notre loi des faillites admet, et admettait déjà, sous l'ancien code, trois espèces de revendications :

1° Revendication des effets de commerce remis au failli à titre de dépôt ou de mandat, s'ils sont restés en nature dans le portefeuille du failli ;

2° Revendication des marchandises remises au failli à titre de dépôt ou de mandat.

Lorsque ces marchandises ont été vendues, il peut y avoir lieu à a revendication du prix encore dû.

3° Revendication des objets mobiliers vendus au failli et non payés par lui. Mais il faut plusieurs conditions :

a. — Que les marchandises ne soient pas entrées dans les magasins de l'acheteur ni dans ceux du commissionnaire chargé de les vendre.

b. — Qu'avant leur arrivée, elles n'aient pas été revendues à un tiers de bonne foi, sur factures et connaissements ou lettres de voiture signées par l'expéditeur.

c. — Que l'identité soit constante. — L'ancien code exigeait même, ce qui a été supprimé comme répondant à des théories surannées « qu'il soit reconnu que les balles, barriques ou enveloppes, dans lesquelles les marchandises se trouvaient lors de la vente, n'ont pas été ouvertes, que les cordes ou marques n'ont été ni enlevées ni changées..... »

L'article 577 de la loi de 1838 dit que « pourront être *retenues* par le vendeur les marchandises par lui vendues, qui ne seront pas délivrées au failli, ou qui n'auront pas encore été expédiées, soit à lui, soit à un tiers pour son compte. »

En matière d'effets de commerce, le code de 1808 admettait la revendication des effets remis en compte-courant, lorsqu'à l'époque des remises le remettant n'était débiteur d'aucune somme. On n'a pas cru devoir maintenir la revendication en pareil cas, parce qu'on a trouvé que le remettant était dans la même situation que les autres créanciers par compte.

E — BANQUEROUTES.

Il faut distinguer la banqueroute simple et la banqueroute frauduleuse ; la première est un délit ; la seconde est un crime. Pour la banqueroute frauduleuse seulement, la tentative et la complicité sont punies ; la réhabilitation et le concordat sont impossibles.

Dans le système du code de 1808, la poursuite était obligatoire ou facultative, selon les cas. D'après la nouvelle loi, c'est, en matière de banqueroute simple, la condamnation qui est tantôt obligatoire, lorsque les faits sont établis, tantôt facultative. (En matière de banqueroute frauduleuse, la Cour d'assises statue d'après le verdict du jury).

La loi de 1838 s'en remet à l'appréciation des magistrats dans six cas :

1° Défaut de dépôt de bilan et de déclaration de cessation de paiements ;

2° Défaut de tenue des livres obligatoires ;

3° Non-comparution devant les syndics.

Lorsque le failli ayant obtenu un sauf-conduit ne se sera pas représenté à la justice, c'est là un fait assimilé à la non-comparution devant les syndics dans les cas et dans les délais fixés ; sous l'ancien code, le failli pouvait, en ce cas, être poursuivi comme banqueroutier frauduleux ;

4° Engagements excessifs contractés pour autrui sans couverture ;

5° Inexécution des clauses d'un précédent concordat ;

6° Défaut de publication du contrat de mariage, lorsque cette publication est exigée par la loi. (Ces trois derniers cas sont d'introduction nouvelle).

L banqueroute simple doit être déclarée, lorsque se présente l'un des quatre cas suivants :

1° Dépenses excessives ;

2° Pertes à la suite de jeu ;

3° Emprunts ruineux ;

4° Paiements faits à l'un des créanciers au préjudice de la masse, après la cessation des paiements.

(Ce dernier cas a été ajouté par la loi de 1838).

En cas d'acquittement, les frais de la poursuite sont supportés par la masse, si cette poursuite a été exercée par les syndics ; par le créancier, si elle a eu lieu en son nom personnel par un créancier isolé.

En cas de condamnation, le code de 1808 mettait les frais de poursuite à la charge de la masse, lorsqu'elle avait eu lieu au nom de la masse, par les syndics ou en son nom personnel par un créancier. D'après la loi de 1838, c'est le Trésor public qui paie les frais, en cas de condamnation. D'après cette loi encore, les syndics ne peuvent exercer de poursuites qu'après y avoir été autorisés par la majorité des créanciers.

La banqueroute *frauduleuse* est ainsi réglée par les nouveaux articles du code :

« 591. — Sera déclaré banqueroutier frauduleux et puni des peines portées au code pénal tout commerçant failli qui aura soustrait ses livres, détourné ou dissimulé une partie de son actif, ou qui, soit dans ses écritures, soit par des actes publics ou des engagements sous signature privée, soit par son bilan, se sera frauduleusement reconnu débiteur de sommes qu'il ne devait pas.

» 592. — Les frais de poursuite en banqueroute frauduleuse ne pourront, en aucun cas, être mis à la charge de la masse. — Si un ou plusieurs créanciers se sont rendus parties civiles en leur nom personnel, les frais, en cas d'acquittement, demeureront à leur charge. »

Un chapitre spécial traite des crimes et délits commis dans les faillites par d'autres que par les faillis.

Nous signalerons, dans la loi de 1838, l'addition en vertu de laquelle tout syndic qui se rend coupable de malversation dans sa gestion est puni correctionnellement.

Nous ferons également remarquer les trois modifications suivantes :

1. Le conjoint, *les descendants ou les ascendants du failli,*

ou ses alliés au même degré, qui auraient détourné, diverti ou recélé des effets appartenant à la faillite, sans avoir agi de complicité avec le failli, seront punis des peines du vol.

2. Les juges pourront ordonner d'office la réintégration des objets détournés et statuer sur les dommages-intérêts, *même en cas d'acquittement*.

3. Tout avantage particulier obtenu du failli au détriment de la masse doit être annulé. — Si cette annulation est poursuivie *par voie civile*, c'est le *tribunal de commerce* qui est compétent.

Le failli lui-même peut invoquer la nullité.

Si le délinquant est syndic, la peine correctionnelle est aggravée et peut être portée à deux ans d'emprisonnement.

Quant à l'administration des biens, en cas de banqueroute, les règles ordinaires et communes à toutes les faillites doivent être suivies.

F — RÉHABILITATION.

L'état de faillite entraîne diverses incapacités : Le failli ne peut être ni agent de change, ni courtier ; l'entrée de la Bourse lui est interdite ; il perd la jouissance de ses droits civiques ; il ne peut se faire admettre à l'escompte par la Banque de France.....

Par ce système d'incapacités qui frappe le débiteur failli ou son héritier immédiat, détenteur à titre gratuit de tout en partie de sa succession, on a voulu donner une garantie de plus aux créanciers lésés par la faillite. Les incapacités dont nous venons de parler ne cesseront que lorsque tout le monde aura été intégralement payé : à ce prix seulement le failli pourra former sa demande en réhabilitation.

Cette demande est adressée à la Cour d'appel ; expédition en est transmise par le procureur-général au président du Tribunal de commerce et au procureur de la République de l'arrondissement du débiteur ; copie en est affichée dans les salles d'audience, à la

Bourse, à la maison commune, pendant deux mois ; pendant ce délai, toute partie intéressée peut former opposition ; à son expiration, les oppositions, s'il y en a, et tous renseignements viennent à la Cour, qui rend un arrêt admettant ou rejetant la demande en réhabilitation.

D'après le code de 1808, en cas de rejet, la demande ne pouvait plus être formée. La loi de 1808 permet de la renouveler au bout d'un an.

L'arrêt portant réhabilitation est transmis au procureur de la République et aux présidents des tribunaux auxquels la demande avait été adressée. Ces tribunaux en font faire la lecture publique et la transcription sur leurs registres. Ne peuvent être réhabilités les banqueroutiers frauduleux, les stellionataires, les personnes condamnées pour vol, escroquerie ou abus de confiance ; les tuteurs, administrateurs ou autres comptables, qui n'ont pas rendu et soldé leurs comptes.

La loi de 1838 permet formellement la réhabilitation du failli après sa mort. (Art. 614.)

CHAPITRE II.

LA LOI DE 1838 A L'ÉTRANGER

Nous abordons la partie de cette étude que nous considérons comme la plus importante et la plus intéressante. Nous allons voir, en effet, quels pays ont adopté notre loi de 1838 et en même temps quelles modifications ils y ont apportées. Nous nous demanderons si ces modifications ont leur raison d'être, si elles sont un progrès, et si, après avoir donné à d'autres pays le texte de notre loi, nous ne devons pas accepter d'eux certains changements comme constituant un perfectionnement de notre législation.

§ 1. — La Loi des Faillites en Italie.

Un décret royal du 25 juin 1865 a sanctionné le nouveau code de commerce italien révisé, rendu exécutoire pour tout le royaume d'Italie, à partir du 1er janvier 1866.

La loi de 1842, qui était en vigueur dans le royaume de Sardaigne, et qui est connue sous le nom de Code Albert, est devenue ainsi, après un travail de révision, la loi générale du royaume; elle a remplacé le code de 1808 légèrement modifié, en Toscane et dans les Deux-Siciles, et, dans la Lombardie, la législation autrichienne.

« Le livre III du Code Albert, disait le rapport du Ministre de la justice du 25 juin 1865, a rendu moins fréquentes ces faillites entachées de fraude qui se tramaient dans l'ombre pour surprendre la bonne foi des créanciers et il devra être accueilli comme un progrès signalé dans les parties du Royaume où jusqu'ici une autre législation était en vigueur. »

Cet hommage rendu au Code piémontais est indirectement le meilleur éloge de notre loi de 1838, car le Code Albert n'avait guère fait, en 1842, que s'approprier le texte de la récente loi française.

Nous allons maintenant voir en détail les différences qui existent entre le code de commerce italien, en matière de faillites et banqueroutes, et la législation qui nous régit.

A — DÉCLARATION DE LA FAILLITE.

Les sociétés anonymes peuvent tomber en faillite. Le code de commerce italien révisé, comme la loi belge de 1851, a prévu ce cas, et le nouvel article 544 est ainsi conçu :

« En cas de faillite d'une Société anonyme, les actes de procédure se font contre les administrateurs, lesquels sont tenus de se présenter devant le juge-commissaire (*il giudice delegato*) et les syndics toutes les fois qu'ils en sont requis. »

Le jugement déclaratif de faillite doit contenir l'indication du lieu, du jour et de l'heure de l'assemblée des créanciers pour la nomination des syndics définitifs. L'assemblée doit avoir lieu dans les vingt jours du jugement déclaratif.

Quant à la personne du failli, le code décide que le tribunal peut en tout état de cause ordonner l'arrestation et l'incarcération du failli, selon les circonstances, et notamment en cas de fuite ou de défaut du dépôt de bilan (*specialmente nei casi di latitanza del fallito o di mancanza di presentatione del bilancio.* — Art. 548.)

Le jugement déclaratif et celui qui statue sur l'époque de la cessation des paiements sont publiés au moyen d'affiches au lieu où siége le tribunal, à celui où siége la Cour d'appel, à la commune de la résidence du failli et dans toutes celles où il a des établissements commerciaux. Des insertions dans les journaux judiciaires ont lieu comme en France.

Ces publications et insertions sont faites par les soins du greffier du tribunal (*per cura del cancelliere del tribunale*) dans le plus bref délai possible

Le nom du failli, et, s'il s'agit d'une société tombée en faillite, les noms des associés solidaires, sont et demeurent inscrits, pendant leur vie, sur un tableau exposé dans la salle d'audience du tribunal qui a déclaré la faillite et dans les salles de bourse.

Parmi les actes nuls de plein droit, comme ayant été faits à l'époque de la cessation de paiements ou dans les dix jours précédents, le code italien range le gage consenti par le débiteur et les inscriptions d'hypothèques prises sur ses biens.

Quant à la suspension des poursuites à exercer par le bailleur, le code italien a adopté la rédaction de l'article 450 de notre code telle qu'elle existait avant la loi du 19 février 1872.

Le juge de paix (*il pretore*), dans les vingt-quatre heures de l'avis qu'il a reçu de la déclaration de la faillite, doit procéder à l'apposition des scellés, *tant en présence des syndics qu'en leur absence.*

L'administration de la faillite est confiée à des syndics, comme dans notre loi.

Leur nomination doit être immédiatement notifiée aux syndics, provisoires ou définitifs, par les soins du greffier du tribunal.

Les syndics qui n'entendent pas accepter cette fonction doivent déclarer leur refus au tribunal dans les vingt-quatre heures de la notification qu'ils ont reçue.

Lorsque les syndics ont accepté leurs fonctions, ils peuvent demander au tribunal d'en être dispensés pour de justes motifs, mais ils ne peuvent les cesser avant d'avoir été régulièrement remplacés. (Art. 570).

Par respect pour le principe du secret des lettres, on a imposé aux syndics l'obligation de remettre au failli les lettres qui ne seraient pas relatives à son commerce et de conserver sur ces dernières mêmes le secret le plus absolu.

Si le bilan a été dressé par le failli lui-même, les syndics procèdent aux rectifications et additions qu'ils jugent nécessaires. Le bilan, ainsi dressé *ou rectifié par les syndics*, est déposé par eux au greffe du tribunal.

Pour simplifier l'administration, la rendre moins longue et moins dispendieuse, le code italien a accordé aux syndics le pouvoir de transiger, sans qu'il soit besoin de l'homologation du tribunal, sur toutes les contestations dont la valeur n'est pas supérieure à 1500 livres.

Quant aux délais pour la vérification des créances, le nouveau code italien a dû combiner le système des délais de distance avec les règles établies par le nouveau code de procédure civile. Les délais ont été abrégés, à raison des nouveaux moyens de transport qui ont rendu les communications plus faciles.

Le délai ordinaire de vingt jours est augmenté pour les créanciers qui résident dans le royaume d'Italie, de deux jours, si le lieu de la résidence des créanciers et celui de la comparution sont dans le ressort du même tribunal, quoique dans des communes et cantons (*mandamenti*) différents; de cinq jours, si ces mêmes lieux appartiennent à des ressorts limitrophes ou au ressort de la même cour d'appel; de dix jours, s'ils ne sont pas dans des ressorts limitrophes de tribunaux de première instance, mais dans des ressorts limitrophes de cours d'appel. — Les ressorts séparés par la mer ne sont pas réputés limitrophes. — Le délai est augmenté de quinze jours dans les cas non prévus ci-dessus, mais toujours lorsqu'il s'agit de créanciers résidant dans l'intérieur du royaume.

Quant à ceux qui résident à l'étranger, le délai total est de quatre-vingt-dix jours, pour ceux qui sont en Europe, et de cent quatre-vingt jours pour ceux qui sont hors d'Europe (art. 601).

Le créancier vérifié peut prêter le serment d'affirmation même après le délai de huit jours à partir de la vérification, mais tant que cette prestation de serment n'a pas eu lieu, le créancier ne peut être appelé à l'assemblée pour la formation du concordat ni prendre part aux répartitions.

Pour écarter un des plus grands obstacles à la célérité de la vérification des créances, l'art. 607 dispose que le juge-commissaire, les syndics entendus, peut dispenser de l'affirmation les créanciers résidant à l'étranger, sauf appel devant le tribunal.

Quant à la compétence en matière de contestations de créances, voici comme elle est réglée par l'article 608 :

Si la créance est commerciale, le juge-commissaire est compétent lorsque l'objet du litige ne dépasse pas 1500 livres, sauf appel devant le tribunal.

Si l'objet du litige dépasse 1500 livres, le juge-commissaire renvoie les parties devant le tribunal de commerce à audience fixe.

Si la créance est civile, il renvoie les parties devant le préteur ou le tribunal compétent *du lieu de l'ouverture de la faillite.*

On a considéré que la vérification des créances devait toujours être l'œuvre non pas du magistrat, mais des créanciers eux-mêmes ; en conséquence, le code italien veut que les créances des syndics soient vérifiées, non pas par le juge-commissaire, mais en présence de ce juge, par deux des plus forts créanciers portés au bilan.

B — CONCORDAT.

En modifiant l'article 544 du code Albert, le code italien a formellement déclaré qu'il faut, pour la formation du concordat, la majorité non-seulement des créanciers présents, mais de tous ceux qui ont été vérifiés et ont affirmé ou qui ont été admis par provision.

Cette solution est conforme à la jurisprudence actuellement suivie en France.

Lorsque, dans la première assemblée, un nombre assez considérable de créanciers a été d'avis du concordat, le juge-commissaire peut provoquer une nouvelle assemblée.

Le failli concordataire et qui n'a pas été condamné pour banqueroute peut faire indiquer en face de son nom, sur le tableau des faillis, qu'il a obtenu un concordat. Il ne le pourrait plus et la mention qui aurait été faite du concordat serait barrée, si les conditions du concordat n'étaient pas remplies, six mois après le dernier terme accordé pour le paiement des dividendes.

Le législateur italien a repoussé le concordat par abandon d'actif, introduit en France par la loi du 17 juillet 1856, au même titre que les cessions de biens, lesquelles n'étaient pas admises par le code de 1842. Il a craint que par cette porte pussent rentrer les tromperies et les fraudes que la loi s'appliquait à prévenir. Il y a lieu de se demander si ces craintes ont leur raison d'être pour le concordat par abandon d'actif. L'expérience, en France, n'est pas défavorable à cette institution.

Si le failli ne remplit pas les conditions de son concordat, la résolution peut être demandée par la majorité des créanciers qui ont pris part au concordat et qui n'ont pas encore reçu les sommes qui devaient leur être payées en vertu de ce traité. La demande est formée par les syndics au nom des créanciers ou par les créanciers eux-mêmes, les faillis dûment appelés.

La résolution peut même être demandée par un créancier isolé, dans son intérêt personnel. Ce créancier rentre dans l'intégralité de ses droits contre le failli, sauf qu'il ne peut demander que les sommes portées au concordat, du moins jusqu'à l'échéance des termes fixés pour le paiement du dernier dividende.

L'action en résolution se prescrit par cinq ans, à partir de l'échéance des termes fixés pour le paiement du dernier dividende.

C — UNION.

Le régime de l'union est le même en Italie qu'en France.

Le failli peut faire mentionner sur le tableau dont nous avons déjà parlé plusieurs fois, en face de son nom, la déclaration d'excusabilité rendue par le tribunal.

En cas de clôture de la faillite pour cause d'insuffisance d'actif, le tribunal peut, d'après les circonstances, les syndics entendus, déclarer l'excusabilité du failli par le jugement même qui clôture la faillite.

D — ORDRE ENTRE LES CRÉANCIERS.

Le code italien admet les reprises mobilières de la femme du failli, lors même que l'identité des objets n'existe plus : en effet, l'article 674 décide que si les biens meubles de la femme ont été vendus et si avec le prix d'autres ont été acquis ou bien par d'autres moyens convertis en d'autres biens soit mobiliers soit immobiliers, la femme pourra exercer son action en reprise, pourvu que le remploi résulte d'un acte ayant date certaine, et même, en ce cas, la date certaine peut être établie tant par des titres de créances que par les écritures d'établissements publics, de sociétés anonymes ou de sociétés en commandite par actions.

La femme du failli est admise au passif de la faillite pour le prix de ses biens aliénés par le mari pendant le mariage.

La revendication des marchandises vendues et expédiées au failli peut avoir lieu jusqu'à ce que la tradition en ait été effectuée dans les magasins du failli, ou dans des magasins publics à sa disposition, ou dans ceux d'un commissionnaire chargé de les vendre pour le compte du failli.

E — BANQUEROUTES.

En cas de faillite d'une société, les administrateurs sont coupables de banqueroute simple si par leur faute n'ont pas été accomplies les formalités voulues par la loi pour l'établissement des sociétés, ou si la faillite de la société a été amenée par leur faute.

Le courtier public en état de faillite est coupable de banqueroute simple.

Sont coupables de banqueroute frauduleuse les administrateurs de sociétés :

1° Qui ont omis frauduleusement de publier le contrat social dans les formes voulues par la loi ;

2° Qui ont faussement indiqué le capital souscrit ou versé ;

3° Qui ont donné aux associés des dividendes évidemment fictifs et ont ainsi diminué le capital social ;

4° Qui ont frauduleusement fait des prélèvements supérieurs à ceux fixés dans l'acte de société ;

5° Qui ont occasionné, par dol ou en conséquence d'opérations frauduleuses, la faillite de la société.

F — RÉHABILITATION.

Le code italien a suivi la loi française. Il ajoute seulement que le nom du failli réhabilité sera rayé du tableau des faillis. Disons, à ce sujet, qu'en Italie (art. 554), le failli non réhabilité ne peut conserver ni reprendre la profession de commerçant. (Il en est autrement si, sans être banqueroutier, il a obtenu un concordat). Il ne peut être entrepreneur de spectacles publics. (*Esso non può esse impresario di spettacoli pubblici nè aprirne per suo conto*). Il ne peut être comptable des communes ou des établissements publics.

En résumé, des modifications apportées par le code de commerce italien révisé à la loi de 1838, les unes sont admises par notre jurisprudence; les autres sont empreintes d'un grand esprit de sagesse et mériteraient pour la plupart, après un examen approfondi, d'entrer dans notre législation.

---

§ 2. — La Loi des Faillites en Belgique.

Nous dirons de la législation belge ce que nous venons de dire de la législation italienne.

La loi des faillites, en Belgique, date du 18 avril 1851; elle est calquée sur la loi française du 28 mai 1838 et a remplacé le code de 1808, qui était encore en vigueur chez nos voisins.

A. — DÉCLARATION DE LA FAILLITE.

L'article 437 de notre loi se trouve modifié, en Belgique, de la façon suivante :

« Tout commerçant qui cesse ses paiements est en état de faillite, » dit notre code.

La loi belge dit de son côté : « tout commerçant qui cesse ses paiements, *et dont le crédit se trouve ébranlé* est en état de faillite. » Elle a ajouté ainsi, sous forme de troisième condition, une explication qui semble assez inutile au texte du code de 1808 et de la loi de 1838.

Elle a supprimé le dernier paragraphe de notre article 437, relatif au délai d'un an accordé aux créanciers pour la déclaration posthume de faillite, parce qu'en Belgique les créanciers doivent nécessairement agir dans les six mois du décès, à raison de l'article

442 de la loi belge, suivant lequel l'époque de la cessation des paiements ne peut être fixée à une date de plus de six mois antérieure au jugement déclaratif de faillite.

La loi belge appelle la déclaration de la faillite faite par le failli, *l'aveu* du failli.

Elle contient, relativement aux faillites des sociétés anonymes, une disposition que nous avons vu reproduite par la loi italienne : « lorsqu'une société anonyme aura été déclarée en faillite, la procédure sera poursuivie contre les gérants, qui seront tenus de fournir au juge-commissaire et aux *curateurs* tous renseignements et de comparaître devant eux quand ils en seront requis (art. 441).

A défaut de détermination spéciale, la cessation de paiement sera réputée avoir eu lieu à partir du jugement déclaratif de faillite, *ou à partir du jour du décès, quand la faillite aura été déclarée après la mort du failli.*

L'article 443 de la loi belge est introductif d'un droit nouveau. Cette disposition a pour but de faciliter aux tribunaux de commerce la connaissance de la situation commerciale, et, en cas de faillite, la détermination de l'époque de la cessation des paiements :

« Dans les six premiers jours de chaque mois, les receveurs de l'enregistrement enverront au président du tribunal de commerce dans le ressort duquel le *protêt* a été fait, un tableau des protêts des lettres de change acceptées et des billets à ordre, enregistrés dans le mois précédent. Ce tableau contiendra : 1° la date du protêt; 2° les nom, prénoms, profession et domicile de celui au profit duquel l'effet est créé ou du tireur; 3° les nom, prénoms, profession et domicile du souscripteur du billet à ordre ou de l'accepteur de la lettre de change; 4° la date de l'échéance; 5° le montant de l'effet; 6° la mention de la valeur fournie, et 7° la réponse donnée au protêt.

Semblable tableau sera envoyé au président du tribunal de commerce du domicile du souscripteur d'un billet à ordre ou de l'accepteur d'une lettre de change, si ce domicile est en Belgique, dans un ressort judiciaire autre que celui où le paiement doit être effectué.

Ces tableaux resteront déposés aux greffes respectifs desdits tribunaux, où chacun pourra en prendre connaissance. »

Parmi les nullités de plein droit correspondant à celles édictées par notre article 446, se place celle des actes, opérations ou contrats commutatifs ou à titre onéreux, si la valeur de ce qui a été donné par le failli dépasse notablement celle qu'il a reçue en échange.

D'après l'article 448, tous actes ou paiements faits en fraude des créanciers sont nuls, quelle que soit la date à laquelle ils ont eu lieu.

Comme en France, le jugement déclaratif rend exigibles, à l'égard du failli, les dettes passives non échues. « Toutefois, ajoute l'article 450, les dettes non échues et ne portant pas intérêt, dont le terme serait éloigné de plus d'une année, ne seront admises au passif que sous déduction de l'intérêt légal calculé depuis le jugement déclaratif jusqu'à l'échéance. En cas de paiement immédiat par l'un des co-obligés d'un billet à ordre ou d'une lettre de change non échue et ne portant pas intérêt, il sera fait sous déduction de l'intérêt légal pour le temps qui reste à courir jusqu'à l'expiration du terme. »

Quant à la suspension des poursuites individuelles, voici les dispositions de la loi belge : .

« ... Si, antérieurement au jugement déclaratif, le jour de la vente forcée des meubles ou immeubles saisis a déjà été fixé ou publié par des affiches, cette vente aura lieu pour le compte de la masse. Néanmoins, si l'intérêt de la masse l'exige, le tribunal pourra, sur la demande des *curateurs,* autoriser la remise de la vente à une autre époque.

Toutes voies d'exécution, pour parvenir au paiement des *créances privilégiées sur le mobilier* dépendant de la faillite *seront suspendues jusqu'à la clôture du procès-verbal de vérification des créances*, sans préjudice de toute mesure conservatoire et du droit qui serait acquis au propriétaire des lieux loués d'en reprendre possession. »

En Belgique, l'administration des faillites est confiée à des *curateurs*, agents salariés nommés par le tribunal de commerce parmi les personnes qui lui paraissent offrir le plus de garanties pour l'intelligence et la fidélité de leur gestion.

Le rapport de la Chambre des représentants s'exprimait ainsi à leur égard : « Le projet dit *curateurs* et non *syndics*, parce que cette dernière dénomination ne convient guère qu'à celui qui peut être considéré comme l'agent ou le délégué des créanciers et parce qu'il propose de ne plus faire participer ces derniers à la nomination des administrateurs des faillites. La dénomination de curateur convient, en effet, à celui qui est institué par la puissance publique pour conserver et administrer des biens dont l'administration est forcément vacante, par suite du dessaisissement dont le failli est frappé. »

En France, avant la loi de 1838, comme depuis, plusieurs jurisconsultes ou publicistes demandaient qu'on créât une classe d'administrateurs spéciaux, *investis d'un caractère public*, sous le nom de *curateurs* aux faillites ou tout autre.

En Belgique, la loi dit, dans les articles 455 et suivants : « Le gouvernement pourra, sur l'avis conforme des cours d'appel respectives, instituer des *liquidateurs assermentés* près les tribunaux où le nombre et l'importance des faillites l'exigeront. Dans les arrondissements où sont établis des liquidateurs assermentés, les curateurs aux faillites seront choisis parmi eux... »

La loi de 1838 a repoussé l'idée de créer des curateurs avec les caractères que l'on vient de voir. M. le rapporteur Quénault disait à ce sujet : « Les faillites sont des accidents heureusement assez rares, *au moins dans les places de commerce de second ordre*. Partout les petites faillites sont de beaucoup les plus nombreuses.

Ces affaires ne suffiraient pas pour occuper d'une manière assez avantageuse une classe spéciale d'officiers publics. »

Les faits l'emportent sur les intentions des législateurs. D'une part, il existe à Paris et dans nos plus grandes places de commerce des corporations de syndics. D'un autre côté, nulle part, en Belgique, on n'a établi jusqu'ici de liquidateurs assermentés. Mais, dans les deux pays, on est arrivé à créer pour les faillites une administration simple et homogène. Nos syndics et les curateurs belges se ressemblent beaucoup.

En Belgique, c'est dans le jugement déclaratif même qu'il est ordonné « aux créanciers du failli de faire au greffe la déclaration de leurs créances, dans un délai qui ne pourra excéder vingt jours à compter du jugement déclaratif. » Ce jugement indiquera les journaux dans lesquels il sera publié, ainsi que le jugement qui pourrait ultérieurement déterminer l'époque de la cessation de paiements.

Le jugement déclaratif devra encore « désigner les jours et heures auxquels il sera procédé, au palais de justice, *à la clôture du procès-verbal de vérification des créances* et aux débats sur les contestations à naître de cette vérification. Ces jours seront fixés de manière qu'il s'écoule cinq jours au moins et vingt jours au plus entre l'expiration du délai accordé pour la déclaration des créances et la clôture du procès-verbal de vérification, et un intervalle semblable entre cette clôture et les débats sur les contestations. »

Enfin, par le jugement déclaratif, le tribunal pourra « charger le juge-commissaire d'exercer toutes les attributions dévolues au juge de paix, en vertu des dispositions du présent code concernant les faillites. » (Art. 466.)

D'après l'article 470, « les curateurs nommés entreront en fonctions immédiatement après le jugement déclaratif; *s'ils n'ont pas été choisis parmi les liquidateurs assermentés, ils prêteront préalablement*, devant le juge-commissaire, le serment de bien et fidèlement s'acquitter des fonctions qui leur sont confiées ; ils géreront la faillite en bons pères de familles...»

Les deniers sont versés à la Caisse des Consignations dans les *huit jours* de la recette. (Notre loi dit trois jours.) — Les sommes versées à la Caisse des Consignations pour le compte de la faillite pourront être retirées sur mandats des curateurs, visés par le juge-commissaire. La remise en sera faite, sans autres formalités, sur ces mandats qui pourront être délivrés au profit ou à l'ordre des créanciers de la faillite. (Art. 480. — L'art. 598 du code italien renferme une disposition analogue.)

Dans notre droit, il faut deux originaux de l'inventaire des biens du failli. En Belgique, d'après l'art. 489 de la loi de 1851, la minute de l'inventaire est déposée, dans les vingt-quatre heures de sa clôture définitive, *au greffe, où les curateurs pourront en prendre copie sans frais et sans déplacement.*

Dans notre droit, l'homologation émane du tribunal civil pour les transactions relatives à des droits immobiliers. En Belgique, d'une façon générale, si la contestation est de la compétence du tribunal civil, l'homologation appartient à ce tribunal. — Les curateurs pourront aussi, avec l'autorisation du tribunal de commerce, le failli dûment appelé, déférer le serment litis-décisoire à la partie adverse, dans les contestations dans lesquelles la faillite sera engagée.

Nous savons que les créanciers du failli sont tenus de déposer au greffe du tribunal de commerce, la déclaration de leurs créances avec leurs titres *dans le délai fixé au jugement déclaratif.*

Ce jugement est dûment publié. — En outre, les créanciers sont avertis *par une circulaire chargée à la poste*, que les curateurs leur adresseront aussitôt qu'ils seront connus. Cette circulaire indiquera les jours et heures fixés pour la clôture du procès-verbal de vérification des créances et les débats de contestations à naître de cette vérification. — Les bulletins de chargement seront et demeureront annexés à la minute de la circulaire, qui sera visée par le juge-commissaire. » (Art. 496).

On comprend que, dans un pays comme la Belgique, peu étendu et sillonné de voies ferrées, les délais accordés aux créanciers soient assez courts. Mais il fallait sauvegarder les droits des créanciers étrangers. C'est ce qu'a fait l'article 497 :

« S'il existe des créanciers résidants ou domiciliés hors du Royaume, à l'égard desquels le délai fixé par le jugement déclaratif de la faillite *serait trop court*, le juge-commissaire le prolongera, à leur égard, *selon les circonstances*. Il sera fait mention de cette prolongation dans les circulaires adressées à ces créanciers conformément à l'article 496. »

On peut regretter que cette disposition donne trop à l'arbitraire du juge-commissaire et préférer de beaucoup le système français ou le système italien.

L'article 507 établit une sorte de comptabilité des faillites véritablement digne d'attirer l'attention. C'est une grande garantie pour la régularité et la célérité des opérations qui a été ainsi établie par la loi belge :

« Il sera tenu au greffe, pour chaque faillite, un tableau divisé en colonnes et contenant, pour chaque créance déclarée, les énonciations suivantes : 1° Le numéro d'ordre ; 2° les nom, prénoms, profession et résidence du créancier qui aura déposé sa déclaration et ses titres ; 3° la date du dépôt ; 4° le montant de la créance déclarée ; 5° la désignation sommaire des biens ou objets sur lesquels on prétend qu'elle serait hypothéquée ou privilégiée ; 6° son admission au passif ou son rejet par les curateurs ; 7° la date de cette admission ou de ce rejet ; 8° les contredits ; 9° les noms des opposants ; 10° les dates des contredits ; 11° le jour auquel le procès-verbal de vérification sera clos ; 12° le jour où s'ouvriront les débats sur les contestations ; 13° le sommaire de la décision définitive ; 14° la date de cette décision, et 15° *les autres ren-*

seignements qu'il pourra être utile de porter à la connaissance des intéressés. — Ce tableau sera dressé par le greffier ; les énonciations exigées y seront faites successivement jour par jour, et au fur et à mesure que les faits et circonstances auxquelles elles se rattachent se produisent. *Il sera, à toute réquisition, communiqué aux intéressés.*

B — CONCORDAT.

Immédiatement après le jugement des contestations et sans attendre l'expiration des délais accordés aux créanciers résidants ou domiciliés hors du royaume, il est passé outre à la formation du concordat.

Comme en droit français, le vote au concordat emporte, de plein droit, renonciation aux sûretés réelles (privilége, gage, hypothèque). Mais il est déclaré par la loi belge que la renonciation demeurera sans effet si le concordat n'est pas admis.

De plus, ces créanciers pourront voter au concordat, en ne renonçant à leurs priviléges, hypothèques ou gages que pour une quotité de leurs créances équivalant au moins à la moitié; dans ce cas, ces créances ne seront comptées que pour cette quotité dans les opérations relatives au concordat. (Art. 513).

Nous traiterons, dans un chapitre spécial, des sursis de paiement et de la tentative de concordat préalable aux opérations de la faillite.

Quant à l'annulation ou à la résolution du concordat, en Belgique, nous n'avons qu'une observation importante à faire: D'après l'article 526, les nullités de plein droit, que nous avons déjà eu occasion d'étudier, se reproduisent pour les actes de même nature faits par le failli postérieurement au jugement d'homologation et antérieurement à l'annulation ou à la résolution du concordat.

— 68 —

Quant aux autres actes, comme en France, ils ne sont annulés que s'ils ont été consentis au préjudice de l'exécution du concordat ou en fraude des droits des créanciers.

C — UNION.

Ce *mot* n'existe pas dans la loi belge. Le chapitre qui en traite est intitulé : De la liquidation de la faillite.

« *S'il n'intervient pas de concordat*, dit l'article 528, *les curateurs continueront à représenter la masse des créanciers.* »

Les créanciers pourront donner mandat, soit aux curateurs, *soit à un tiers sous la surveillance des curateurs*, pour continuer l'exploitation de l'actif.

Ne pourront être déclarés excusables: les banqueroutiers frauduleux, les stellionataires, les personnes condamnées pour vol, *faux, concussion*, escroquerie ou abus de confiance, les *dépositaires, les tuteurs, administrateurs ou autres comptables qui n'auront pas rendu et soldé leur compte.*

Comme dans le code italien, la loi belge autorise le tribunal à déclarer le failli excusable par le même jugement qui prononce la clôture de la faillite pour cause d'insuffisance d'actif.

D — ORDRE ENTRE LES CRÉANCIERS.

L'article 546 a introduit un tempérament à la disposition qui supprime le privilége du vendeur d'objets mobiliers non payés :

« Néanmoins, ce privilége continuera à exister pendant deux ans à partir de la livraison *en faveur des fournisseurs de machines et appareils employés dans les établissements industriels.* »

Le législateur a voulu que le vendeur ne fût pas victime d'un crédit que les habitudes du commerce lui imposent, l'acheteur voulant s'assurer du bon fonctionnement des appareils. Mais ce vendeur doit remplir certaines formalités. Le privilége « n'aura d'effet que pour autant que, dans la quinzaine de cette livraison, l'acte constatant la vente soit transcrit dans un registre spécial tenu à cet effet au greffe du tribunal de commerce de l'arrondissement dans lequel le débiteur aura son domicile, et, à défaut de domicile, au greffe du tribunal dans l'arrondissement duquel le débiteur aura sa résidence. Le greffier du tribunal sera tenu de donner connaissance de cette transcription à toutes les personnes qui en feront la demande. — Ce privilége pourra être exercé même dans le cas où les machines et appareils seraient devenus immeubles par destination ou par incorporation. — La livraison sera établie, sauf la preuve contraire, par les livres du vendeur. — En cas de faillite du débiteur déclarée avant l'expiration des deux années de la durée du privilége, celui-ci continuera à subsister jusqu'après la liquidation de ladite faillite. »

Nous savons qu'en cas de faillite du mari la femme peut revendiquer 1° les immeubles qui lui appartenaient lors du mariage et qui ne sont pas entrés en communauté ; 2° les immeubles qui lui sont échus pendant le mariage, soit par succession, soit par donation entre vifs ou testamentaire.

« Il en sera de même, dit l'article 553, § 2 de la loi belge, des immeubles acquis ensuite d'échange contre des biens propres de la femme, ou de remploi, lorsque la stipulation de remploi aura été faite dans l'acte d'acquisition et acceptée par la femme dix jours au moins avant la cessation des paiements. »

Le code belge est rigoureux, en ce qui concerne la restriction de l'hypothèque légale de la femme du failli : la femme dont le mari est commerçant à l'époque de la célébration du mariage, ou le sera devenu dans les deux années qui auront suivi cette célébration (un an, d'après le code français), n'aura hypothèque que sur les immeubles qui appartenaient à son mari, à cette époque, ou qui lui sont échus depuis *par succession*. (Le code français ajoute : soit par donation entre vifs ou testamentaire.)

Les créanciers seront avertis de l'ouverture des répartitions par circulaires chargées à la poste. (Art. 561 *in fine*).

Quant à la vente des immeubles du failli, « les curateurs pourront toujours arrêter les poursuites commencées, en procédant dans la même forme (prescrites par la loi belge du 12 juin 1816), avec l'autorisation du tribunal de commerce, le failli appelé, à la vente des immeubles saisis. Ils feront, dans ce cas, notifier au créancier poursuivant et au failli, huit jours au moins avant la vente, les lieu, jour et heure auxquels il y sera procédé. Semblable notification sera faite, dans le même délai, à tous les créanciers inscrits, en leur domicile élu dans le bordereau d'inscription. » (Art. 564).

La surenchère (prévue par l'art. 573 de notre code), sera faite par exploit d'huissier, notifié au notaire qui aura procédé à l'adjudication et dénoncé aux curateurs et à l'adjudicataire.

E — BANQUEROUTES.

La loi belge a ajouté aux cas de condamnation obligatoire pour banqueroute simple le fait d'avoir supposé des dépenses ou des pertes ou bien de ne pas justifier de l'existence ou de l'emploi de l'actif du dernier inventaire et des deniers, valeurs, meubles et effets de quelque nature qu'ils soient, qui lui seraient advenus postérieurement.

Elle ajoute aux cas de condamnation facultative le fait de n'avoir pas fourni, en faisant l'aveu de la faillite, les renseignements et éclaircissements voulus par la loi ou d'avoir fourni des renseignements ou éclaircissements inexacts ; — le fait de s'être absenté sans l'autorisation du juge-commissaire.

L'article 576 porte : « Pourront être condamnés aux peines de la banqueroute simple, les gérants des sociétés anonymes qui n'auront pas fourni les renseignements qui leur auront été demandés, soit par le juge-commissaire, soit par les curateurs, ou qui auront donné des renseignements inexacts. Il en sera de même de ceux qui, sans empêchement légitime, ne se seront pas rendus à la convocation du juge-commissaire ou du curateur. »

Aux cas de banqueroute frauduleuse la loi belge ajoute le fait d'avoir frauduleusement enlevé, effacé ou altéré le contenu des livres de commerce.

E — RÉHABILITATION.

Aux termes de l'article 592, nul commerçant failli ne pourra assister comme conseil ou représenter les parties comme procureur fondé devant le tribunal de commerce, à moins qu'il n'ait obtenu sa réhabilitation.

Ne seront point admis à la réhabilitation, les banqueroutiers frauduleux, les personnes condamnées pour vol, *faux, concussion,* escroquerie ou abus de confiance, les stellionataires, *dépositaires,* tuteurs, administrateurs ou autres comptables qui n'auront pas rendu et soldé leur compte.

Pour qu'un associé ne puisse obtenir sa réhabilitation tant que toutes les dettes de la société ne sont pas intégralement payées, il faut qu'il s'agisse d'un associé *solidaire*.

CHAPITRE III

LA LOI DES FAILLITES DANS LES PAYS-BAS, EN ESPAGNE ET EN PORTUGAL

§ 1er. — Pays-Bas.

1. *Déclaration de faillite*. — Le code de commerce hollandais est en vigueur depuis le 1er octobre 1838. Ses principales sources sont notre ancien code de commerce et l'ordonnance d'Amsterdam de 1659.

Ce qui est relatif à la déclaration de la faillite, à ses effets, et à la procédure de la faillite, est traité dans les articles 764 à 834 de ce code.

La faillite est déclarée par jugement, rendu soit sur l'aveu du débiteur, soit à la requête de ses créanciers, soit sur la réquisition du ministère public.

Pour qu'une faillite puisse être déclarée après le décès du débiteur, il faut que les créanciers présentent leur requête dans les trois mois de ce décès, et la faillite entraîne alors de plein droit la séparation des patrimoines.

Voici le système du code de commerce hollandais sur les actes du failli qui doivent être déclarés nuls de plein droit :

Les paiements faits par le failli pour dettes non échues sont annulés, s'ils ont eu lieu dans les quarante jours qui précèdent la déclaration de faillite.

Il en est de même pour les droits de gage ou d'hypothèque, s'ils ont été consentis pour garantir des engagements antérieurs.

Est annulée toute donation faite par le failli dans les soixante jours qui ont précédé la déclaration de faillite.

Si le donataire est parent ou allié du failli en ligne directe, ou bien en ligne collatérale jusqu'au 4e degré inclusivement, la période de nullité est doublée.

La faillite est administrée par des *curateurs*, comme en Belgique. Les greffiers et commis-greffiers ne peuvent remplir ces fonctions.

Le failli déclare sous serment, entre les mains du juge-commissaire, s'il possède d'autres biens que ceux qui sont connus des créanciers.

La femme ou veuve du failli, ses parents en ligne directe, ne peuvent être interrogés au sujet de la faillite. Il en est bien entendu autrement des commis et serviteurs du failli.

Le juge-commissaire fixe les délais pour la vérification des créances et indique les jours et heures des réunions.

Les curateurs ou tout créancier peut, à ces réunions, demander avant qu'une créance soit admise définitivement que le produisant en affirme la sincérité sous la foi du serment.

2. *Concordat* (Art. 835 à 851). — Le concordat exige pour sa formation le concours des deux tiers en nombre et des trois quarts en sommes de la masse chirographaire ou réciproquement les trois quarts en nombre et les deux tiers en sommes.

Si les trois quarts des créanciers consentent au concordat et si leurs créances atteignent la moitié en sommes, la délibération est remise à un jour déterminé par le juge-commissaire.

3. *Ordre des créanciers* (Art. 852 à 883). — Les curateurs dressent un état des créanciers reconnus qui, lors de la vérification

des créances, ont allégué une cause légitime de préférence. Ils peuvent, avec l'autorisation du juge-commissaire, fixer au créancier nanti de gage un délai dans lequel il devra réaliser ce gage.

4. *Réhabilitation* (Art. 892 à 899). — Le failli malheureux et de bonne foi peut être réhabilité par le tribunal, sur les réquisitions du ministére public, lors de l'homologation du Concordat.

Si la réhabilitation n'a pas eu lieu de cette manière, le failli peut venir la demander au tribunal de l'ouverture de la faillite.

Lorsque la réhabilitation est accordée, il est donné lecture du jugement en audience publique; mention en est faite sur les registres.

Le failli, s'il est domicilié dans un autre ressort, peut requérir qu'il soit donné lecture du jugement à l'audience du tribunal de son domicile.

Nous aurons l'occasion de nous occuper d'une façon spéciale des dispositions du code de commerce hollandais sur le sursis de paiement.

§ 2. — Espagne.

La loi des faillites date du 30 mai 1829 ; elle a été rendue exécutoire à partir du 1er janvier 1830. Un décret du 11 janvier 1868 l'a modifiée en quelques points.

1. *Déclaration de faillite. Procédure. Administration.* — La loi espagnole reconnaît cinq classes de faillites. Nous ne nous occuperons pas en ce moment de la première : suspension des paiements.

La seconde classe des faillites correspond à la faillite proprement dite en France ; c'est l'*insolvabilité fortuite* : le commerçant malheureux et de bonne foi et dans l'impossibilité de satisfaire pleinement ses créanciers.

La troisième classe (*insolvabilité coupable*), est notre banqueroute simple.

Les faits suivants entraînent l'insolvabilité coupable :

1° Exagération des dépenses personnelles et de maison ;

2° Pertes de jeu ;

3° Pertes provenant d'opérations en apparence commerciales, mais qui ne sont au fond que des jeux ou paris ;

4° Revente à perte de marchandises non payées, achetées dans les six mois qui ont précédé la faillite ;

5° Déficit du double de l'actif net, lorsque ce déficit est constaté avoir existé entre le dernier inventaire et la déclaration de faillite.

Peuvent déterminer la faillite de la troisième classe, les faits suivants :

1° Absence de comptabilité régulière ;

2° Absence de la déclaration de faillite, exigée par la loi ;

3° Non comparution, dans les cas où la loi impose au failli l'obligation de comparaître en personne.

Les quatrième et cinquième classes des faillites (insolvabilité frauduleuse et *alzamiento*), correspondent à notre banqueroute frauduleuse.

La faillite des courtiers est de la quatrième classe.

Tout commerçant est présumé en état d'insolvabilité frauduleuse, si, ayant obtenu un sauf conduit, il ne se représente pas, ou bien, si ses livres sont tenus d'une façon si irrégulière qu'ils ne font pas connaître sa situation activement et passivement.

En outre, la loi espagnole prévoit quatorze cas d'insolvabilité frauduleuse, dont nous ne croyons pas utile de donner ici l'énumération.

Quant à l'*alzamiento*, c'est la dissimulation ou la soustraction frauduleuse de l'actif, ou bien la fuite du failli.

Voici le système de la loi espagnole, quant aux nullités de plein droit :

1° Sont nuls tous paiements de dettes non échues, faits par le failli dans les quinze jours qui ont précédé la déclaration de faillite. (Il faut que l'échéance se place après la date de cette déclaration).

2° Sont nuls, s'ils ont été faits dans les trente jours qui précèdent la déclaration de faillite : les aliénations de biens immeubles à titre gratuit; les constitutions de dot faites par le failli à ses enfants avec des biens propres; les cessions de biens immeubles faites en paiement de dettes non échues au moment de la déclaration de faillite ; les hypothèques consenties par le failli pour sûreté d'obligations antérieurement contractées ou d'un prêt qui n'a pas été réalisé au moment du contrat; les donations qui n'ont pas un caractère de simple rémunération, qui ont eu lieu depuis le dernier inventaire et qui ont eu pour effet de rendre l'actif du failli inférieur à son passif ou d'augmenter le déficit.

Voici maintenant les cas d'annulabilité, s'il y a eu fraude aux droits des créanciers :

1° Pour la période de dix jours avant la faillite, tous contrats, toutes obligations et opérations de commerce.

2° Un mois avant la faillite, les aliénations à titre onéreux de biens immeubles.

3° Six mois avant la faillite, les reconnaissances de dot faites par un conjoint envers l'autre ; les emprunts faits, si la tradition de l'argent ou des effets n'est pas constante.

4° Quatre ans avant la faillite, tout contrat contenant quelque simulation ou supposition.

La faillite rend exigibles toutes les dettes du failli, *sans déduction de l'escompte en cas de paiement avant l'exigibilité.* (Comparez avec l'article 450 de la loi belge de 1851).

Le commissaire de la faillite est pris parmi les commerçants matriculés, s'il y en a. Le jugement déclaratif nomme en même temps un *dépositaire*, qui remplit les fonctions de nos syndics provisoires.

Le failli a pour prison sa maison, s'il donne caution de se représenter, sinon il est incarcéré.

Le jugement déclaratif, comme en Belgique, en Italie, convoque les créanciers pour la première assemblée générale.

A cette assemblée, le failli peut faire ses propositions pour le concordat. Si le concordat n'a pas lieu immédiatement, les créanciers nomment trois syndics au plus, à la majorité en nombre et des trois cinquièmes en sommes.

Les syndics ont droit à une rétribution qui est déterminée par la loi même ; 1/2 pour cent sur les recouvrements ; 2 pour cent sur les objets faisant partie du commerce du failli et qui sont vendus ; 1 pour cent pour les autres objets.

Les créanciers qui demeurent en deçà du Rhin et des Alpes ou bien dans les îles Britanniques ont un délai de soixante jours pour produire ; ceux qui demeurent au-delà de ces limites ont cent jours.

La vérification des créances a lieu en assemblée générale, douze jours après l'expiration des délais de production. Les créanciers sont spécialement convoqués par lettres des syndics, affiches et insertions dans les journaux.

2. *Concordat et union.* — La qualification de la faillite a lieu par jugement séparé, après enquête des commissaires de la faillite, et rapport des syndics signifié au failli. S'il y a eu un concordat à la première assemblée générale et si le failli s'est engagé à satisfaire pleinement ses créanciers, il est sursis à la qualification de la faillite.

Le concordat n'est formé que par le concours de la moitié plus un des créanciers représentant les trois cinquièmes des créances.

La femme du failli ne peut voter au concordat.

Les créanciers hypothécaires conservent tous leurs droits pour la partie de leurs créances pour laquelle ils n'ont pas voté au concordat (Comparez l'article 543 de la loi belge de 1851).

Les faillis des quatrième et cinquième classes ne peuvent pas obtenir de concordat. Il en est de même des commerçants qui font cession de biens.

En général, le failli concordataire, tant qu'il n'a pas rempli complétement les conditions de son traité, est soumis à la surveillance d'un créancier désigné par l'assemblée générale.

Comme le code belge, le code espagnol ne fait pas mention de l'état d'union des créanciers.

3. *Ordre entre les créanciers*. — Il faut d'abord distraire de la masse tous les objets qui doivent être remis aux revendiquants (que le code espagnol appelle créanciers de propriété).

Puis, viennent les créanciers privilégiés et hypothécaires.

Ensuite, les *escriturarios*, c'est-à-dire les créanciers en vertu d'un acte authentique. Ils viennent suivant les dates des actes publics. Les créanciers hypothécaires, qui ne sont pas complétement payés sur les immeubles, viennent pour leur découvert à titre d'*escriturarios*.

Le reste est distribué au marc le franc, entre les créanciers faisant partie de la masse chirographaire.

4. *Réhabilitation*. — Comme en Italie, le failli non réhabilité ne peut plus exercer le commerce (comparez les articles 554 et 631 du code italien). Les faillis des deux premières classes, ceux de la troisième qui ont subi leur peine, peuvent se livrer au commerce pour le compte et sous la responsabilité d'autrui.

Les faillis des deux premières classes peuvent être réhabilités en justifiant de l'exécution de leur concordat ou du paiement intégral des créanciers. Les faillis de la troisième classe doivent avoir subi leur peine.

Les faillis des quatrième et cinquième classes ne peuvent être réhabilités.

Comme en Hollande, l'examen de la demande de réhabilitation et la décision à rendre appartiennent au tribunal qui a connu de la faillite.

§ 3. — Portugal.

Le code de Portugal date du 18 septembre 1833.

1. *Déclaration de la faillite, procédure, administration.* — La division des faillites est tripartite comme chez nous. Le code portugais distingue la faillite fortuite, la faillite coupable et la faillite frauduleuse.

Le père ou le fils, lorsqu'ils sont commerçants et créanciers l'un de l'autre, ou bien la femme et le mari, ne peuvent se faire respectivement déclarer en faillite.

L'ouverture de la faillite ne peut être reportée à plus de quarante jours de la date du jugement déclaratif. (Six mois en Belgique, art 442 de la loi de 1851).

Sont nuls de droit : les hypothèques consenties par le failli dans les vingt jours de l'ouverture de la faillite ; tous paiements pour dettes non échues faits dans la même période ; tous actes translatifs de propriété à titre gratuit passés dans les quarante jours qui ont précédé la faillite.

Peuvent être annulées toutes les obligations commerciales contractées par le failli dans les vingt jours qui ont précédé l'ouverture de la faillite, s'il y a fraude aux droits des créanciers.

Le code de commerce portugais contient un titre sur les sursis de paiement, dont nous nous occuperons plus tard.

Le jugement déclaratif nomme, et de préférence parmi les créanciers, un ou plusieurs *curateurs* fiscaux, que nous appellerions syndics.

Les curateurs ont droit à une remise de 1/2 pour cent sur les recouvrements comme en Espagne, et de plus à une rétribution à fixer par le tribunal.

Les deniers de la faillite sont déposés dans une caisse à double serrure, telle que celle qui était exigée par notre code de 1808.

Le failli peut déposer au greffe un projet de concordat et la première assemblée générale est appelée par le juge-commissaire à en délibérer.

Si le concordat n'a pas lieu à cette époque, il est passé outre à la vérification des créances. Dès que le jugement sur les contestations est passé en force de chose jugée, le juge-commissaire ordonne la convocation de tous les créanciers à une nouvelle assemblée pour délibérer sur le concordat ou se constituer en état d'union. Cette convocation a lieu dans les cinq jours, par les soins du curateur.

2. *Concordat et union.* — Le concordat a besoin pour sa formation du concours des deux tiers des créanciers, représentant les trois quarts des créances chirographaires ou bien des trois quarts de tous les créanciers représentant les deux tiers des créances. — Si les trois quarts des créanciers présents à la réunion, mais ne représentant pas les deux tiers des créances, sont d'avis du concordat, une nouvelle assemblée a lieu à huitaine. C'est, à peu de chose près, les mêmes conditions que nous avons vues en vigueur dans les Pays-Bas.

3. *Ordre entre les créanciers.* — A part les différences résultant de la législation civile et des lois sur la procédure, à part aussi les appellations qui ne sont pas toujours les mêmes que chez

nous, le système suivi par le Code portugais est sensiblement le même que celui de la loi française.

Voici la classification adoptée par la loi portugaise :

1° Revendiquants (appelés créanciers de propriété, *credores de dominio.*)

2° Créanciers ayant droit de séparation (femme du failli, cohéritiers).

3° Créanciers privilégiés ;

4° Créanciers hypothécaires ;

5° Créanciers ayant une sûreté personnelle ;

6° Créanciers simplement chirographaires.

4. *Réhabilitation.* — Les dispositions du Code de commerce portugais, sont les mêmes que celles du Code de commerce espagnol, sauf que la demande doit être portée devant le Tribunal suprême du commerce.

CHAPITRE IV

LA LOI DES FAILLITES EN ANGLETERRE.

Le premier statut anglais, en cette matière, fut rendu sous le règne de Henri VIII, en 1542. Nous ne pensons pas utile d'analyser ici l'ancienne législation anglaise.

La loi des faillites actuellement en vigueur en Angleterre date du 9 août 1869. Elle n'est pas applicable à l'Ecosse et à l'Irlande. Elle a remplacé une loi du 12 août 1842, qui elle-même avait abrogé la loi du 2 mai 1825 (1).

La faillite, dans le droit anglais, peut atteindre des personnes qui ne font pas et n'ont jamais fait le commerce. C'est là une différence essentielle avec notre droit, et, comme on va le voir, ces différences sont nombreuses.

La faillite ne peut être poursuivie que par un ou plusieurs créanciers représentant une somme d'au moins cinquante livres sterlings

(1) L'acte de 1869 doit être lui-même remplacé prochainement par une législation nouvelle, actuellement en discussion devant le Parlement. Nous avons cru devoir borner notre étude aux textes en vigueur au 31 octobre 1878. Nous avons puisé une grande partie de nos renseignements dans l'excellent *Manuel de droit commercial français et étranger*, de MM. Hœschter, Sacré et Oudin, édité par la librairie Marescq ainé. L'un des auteurs de cet ouvrage, M. Léonel Oudin, auquel on doit également le *Code de commerce mis en concordance, article par article, avec les principales législation européennes* (même éditeur), est l'un des lauréats de la *Société Industrielle du Nord de la France*, pour un mémoire portant sur les mêmes matières que la présente étude. (Concours de 1878).

(1250 fr.) Elle n'est donc déclarée ni d'office ni sur l'aveu du débiteur.

Elle l'est sur la poursuite des créanciers par la Cour des faillites, et dans les cas suivants (*acts of bankruptcy*) :

1° Cession de tout ou partie des biens, en fraude des droits des créanciers ;

2° Absence du domicile ou fuite à l'étranger, pour faire tort aux créanciers ;

3° Bannissement ;

4° Déclaration à la cour des faillites signée par le débiteur, aux termes de laquelle il se reconnaît dans l'impossibilité de payer ses dettes.

Il faut que ces faits aient eu lieu dans les six mois qui ont précédé la demande.

Il faut que la créance, en vertu de laquelle on agit, soit liquide et exigible; qu'elle ne soit garantie par aucune sûreté spéciale. Mais le créancier peut renoncer à cette garantie. Il peut encore estimer cette garantie et se porter créancier de l'excédant. Dans ce cas, il peut être obligé de remettre les biens affectés à la sûreté de sa créance contre paiement du montant de son estimation.

La Cour des faillites peut encore accorder aux créanciers une sommation, aux termes de laquelle le débiteur sera déclaré en faillite, s'il ne donne pas satisfaction au créancier, (dans les sept jours, s'il s'agit d'un commerçant, et dans les trois semaines s'il s'agit d'un non-commerçant).

Le débiteur peut se pourvoir devant la Cour, pour faire rapporter cette sommation. La Cour peut aussi en suspendre l'effet pendant un certain délai qu'elle détermine.

La déclaration de faillite est publiée.

La propriété de tout le patrimoine du failli passe aux syndics (*trustees*).

Les contrats passés avec le failli, lorsqu'il y a eu bonne foi et ignorance des *acts of bankruptcy*, doivent être considérés comme valables. Mais ceux faits dans le but de favoriser un créancier au détriment des autres doivent être considérés comme frauduleux et annulés, s'ils ont eu lieu dans les trois mois qui ont précédé la déclaration de faillite.

La Cour a les droits les plus étendus pour l'instruction de l'affaire. Elle peut faire comparaître, même par voie de contrainte par corps, toute personne qui peut fournir des renseignements sur la faillite.

Les sociétés formées en conformité des dispositions de la loi de 1862 *ne peuvent être mises en faillite.*

Lorsque la demande de mise en faillite est dirigée contre plusieurs associés d'une maison de commerce (*partnership*), la Cour peut restreindre la mise en faillite à l'un ou plusieurs de ces associés.

Lorsqu'un associé a été déclaré en faillite et qu'un autre associé de la même maison de commerce tombe à son tour en faillite, l'administration de la deuxième faillite est remise aux mains des premiers *trustees* et se confond avec celle de la première faillite.

Pour les premiers temps, les fonctions de *trustees* (que nous appelerons syndics) sont remplies par le greffier de la Cour (*registrar*).

Les créanciers, lors de la première réunion, dont le jour est déterminé par la Cour, nomment le syndic, lequel peut être obligé de fournir caution. Ils peuvent nommer une Commission d'inspection composée de cinq créanciers au plus. Cette Commission a pour mission de surveiller le syndic; elle peut même recevoir celle de le nommer.

Le syndic convoque tous les trois mois la commission d'inspection, lui rend ses comptes et reçoit ses instructions. Il peut aussi convoquer l'assemblée générale. Moyennant ces garanties, le syndic a les pouvoirs les plus étendus pour liquider et partager l'actif du failli.

Dans les six mois qui suivent la faillite, il doit distribuer un dividende aux créanciers, ou les réunir pour leur expliquer l'impossibilité de cette distribution.

Des fonds sont mis en réserve pour les créanciers qui, vu leur éloignement, n'ont pu encore produire leurs titres.

Le syndic ne peut avoir entre les mains que 50 livres sterlings au plus, et pendant un délai de dix jours au plus, sous peine de révocation et d'avoir à payer les intérêts. Il verse les sommes appartenant à la faillite à la Banque d'Angleterre ou à la maison de banque qui lui est désignée par les créanciers.

A la cessation de ses fonctions, le syndic remet ses comptes au contrôleur des faillites, lequel est nommé par le Lord-Chancelier.

Il faut une *résolution spéciale*, (pour ce genre de résolution, la loi exige la majorité en nombre et les trois quarts en sommes), pour que le syndic puisse accepter un arrangement proposé par le failli avec ou sans la condition de l'annulation de la faillite.

Cet arrangement, en tous cas, doit être soumis à l'homologation de la Cour.

Sont *distraits de la masse* :

1° Les instruments de travail et hardes du failli et de sa famille. (Les vêtements et hardes, jusqu'à concurrence de 20 liv. sterl. seulement. — 500 fr.)

2° Les biens que le failli détient pour le compte d'autrui, *(held on trust)*, par exemple à titre de mandat.

Sont au rang des *créances privilégiées* : Les taxes paroissiales et locales dues pour les douze mois qui ont précédé la faillite; les impôts auxquels le failli était assujetti au quinze avril qui a précédé la date de la faillite; les salaires et gages dûs aux commis et serviteurs, pour quatre mois, et seulement jusqu'à concurrence de 50 liv. sterl ; les salaires des ouvriers pour deux mois.

Voici comment sont réglés les droits du propriétaire :

Si la saisie faite à sa requête pour sûreté des loyers à lui dûs a lieu *après la faillite*, elle ne concerne que l'année des loyers antérieure à la faillite. Pour le reste, le propriétaire produit à la masse et est payé au marc le franc comme les autres créanciers.

Quant aux commis et apprentis, le contrat qu'ils ont passé avec le failli est résilié. Si le commis ou apprenti a versé certaine somme, indemnité lui est due par la faillite. Mais le syndic a le droit de céder à autrui le contrat d'apprentissage ou le traité passé avec le commis.

Si le failli a donné un dividende de 50 pour cent (dix shellings pour livre), il peut demander un *ordre de décharge*. Même en l'absence de ce dividende, une *résolution spéciale* des créanciers peut demander à la Cour cet ordre de décharge.

S'il n'en est pas donné, les créanciers non payés recouvrent, au bout de trois ans, leurs droits contre le failli.

Une loi du 9 août 1869 punit les fraudes commises par les faillis et qui correspondent à nos cas de banqueroute frauduleuse.

Le membre de la Chambre des Communes qui est déclaré en faillite est privé de ses droits pendant un an, et si, à l'expiration de cette année, ses créanciers n'ont pas été désintéressés, son siège est déclaré vacant.

CHAPITRE V

LA LOI DES FAILLITES EN ALLEMAGNE.

§ 1er. — Droit commun Allemand.

M. Dalloz analyse de la façon suivante, (d'après M. Rauter, Revue étrangère de législation T. I. p. 577) l'ancien droit commun de l'Allemagne :

« Il y a faillite ou déconfiture du débiteur, COMMERÇANT OU NON, lorsqu'au moins deux créanciers du même débiteur lui demandent un paiement en même temps et qu'à cause de l'insuffisance de sa fortune disponible ils sont dans le cas de demander l'un contre l'autre une préférence ou bien une distribution par contribution. Une déclaration du tribunal du domicile ouvre le *concours des créanciers*. Pour arrêter l'ouverture formelle du concours, le débiteur peut demander des *lettres de répit* ou *obtenir terme par délibération de la majorité des créanciers*.

Par le décret qui ouvre le concours, le débiteur est *dessaisi* de la disposition de ses biens ; des mesures conservatoires et d'exécution sont ordonnées, un administrateur provisoire peut être nommé par le tribunal.

On convoque alors les créanciers à se présenter à la liquidation. Un représentant du débiteur est nommé contradicteur ; et si, pendant la production et la vérification des créances, aucun arrangement n'est intervenu, le tribunal somme les créanciers de proposer un *administrateur* des biens de la masse et de choisir un Comité d'administration.

La masse, liquidée par l'administrateur, est définitivement liquidée par le tribunal: un *jugement de distribution* est rendu, qui fixe le terme pendant lequel les créanciers ont la faculté de *contredire*. »

§ 2. — La Loi Prussienne du 8 mai 1855.

Cette loi a été en vigueur dans l'ancienne *Prusse*, jusqu'à la promulgation de la loi fédérale de 1877, dont nous allons parler dans le paragraphe suivant.

Contrairement au droit commun allemand, elle distingue la *faillite commerciale* de la déconfiture ou faillite des non-commerçants. Elle traite aussi de la faillite des sociétés et de la faillite des étrangers.

Nous ne signalerons que les points qui contiennent une différence importante avec notre droit.

1° DE LA FAILLITE COMMERCIALE.

Elle s'applique aux négociants, fabricants et patrons de navires. Le tribunal compétent pour déclarer la faillite est celui de la juridiction personnelle du failli, et, quand il y a un tribunal de commerce, c'est ce tribunal qui est compétent.

Le tribunal fixe l'époque de la cessation des paiements à une date *qui ne peut remonter au-delà de six mois*.

Ce n'est qu'à défaut de concordat qu'il est passé outre à la nomination du *syndic définitif*. La masse des créanciers présente une liste de trois noms parmi lesquels est choisi ce syndic définitif.

Il est nommé aussi un *Comité d'administration*.

Soit lorsqu'il s'agit de l'administration des syndics provisoires, soit lorsqu'il s'agit de celle du syndic définitif, la loi a organisé, pour les actes importants, un *système d'autorisation* qui fait que tantôt cette autorisation est donnée par le juge-commissaire ou le comité d'administration, tantôt donnée par le tribunal. Le failli est entendu, et même les syndics provisoires ne peuvent *transiger* sans son consentement, s'il s'agit de droits immobiliers, de droits réels ou de la propriété de navires.

Lorsqu'il s'agit d'une faillite dont l'importance n'atteint pas un certain chiffre, la loi autorise une *procédure sommaire* : les publications par la voie des journaux sont plus rares ; l'inventaire a lieu sans apposition de scellés ; le syndic définitif est nommé immédiatement, et il n'y a pas lieu à la constitution d'un comité d'administration.

Le *concordat* doit donner les même droits à tous les créanciers qui y ont pris part, sauf conventions contraires formellement exprimées.

La faillite est close, lorsque la réalisation de l'actif et les répartitions sont terminées. Si des valeurs dépendant de la masse n'ont pu être réalisées, une assemblée des créanciers décide des mesures à prendre, de concert avec le juge-commissaire, le syndic et le failli. Les créanciers peuvent s'entendre pour prendre en paiement les créances à recouvrer, au lieu de faire procéder à la vente de ces créances. Le créancier qui accepte les créances en nature le fait à ses riques et périls. Il lui est délivré un certificat qui constitue son titre de cession.

2° DE LA FAILLITE ORDINAIRE OU DÉCONFITURE.

Elle s'applique aux non-commerçants ainsi qu'aux successions des négociants, fabricants ou patrons de navires.

Le tribunal ne peut prononcer la faillite que sur la requête d'un créancier ou du curateur de la succession, et, dans ce dernier cas, après les délais accordés par la loi à l'héritier pour délibérer. Il faut, dans tous les cas, que l'insuffisance de l'actif soit dûment constatée; elle peut l'être par la déclaration des personnes ayant qualité à cet égard, comme le débiteur lui-même, le curateur, l'héritier bénéficiaire.

3° DES RÈGLES COMMUNES AUX DEUX CLASSES DE FAILLITES.

Les créanciers étrangers ont les mêmes droits que les régnicoles, sauf le cas où la loi d'un créancier étranger n'accorderait pas aux créanciers prussiens les mêmes droits qu'aux nationaux. Il faudrait alors appliquer la réciprocité.

Les paiements ou remises faits au failli le jour même de la déclaration de la faillite ou dans les deux jours suivants, sont déclarés valables *s'ils ont été faits dans l'ignorance de la faillite.*

Lorsque celui qui a contracté avec le failli avait connaissance de la cessation des paiements ou de la déclaration faite par ce failli au tribunal de l'insuffisance de son actif, ou bien encore de la demande de mise en faillite faite par un créancier, le contrat peut être annulé au profit de la masse. En outre, la loi admet un système d'annulabilité pour divers actes passés par le failli après l'un des trois faits ci-dessus ou dans les dix jours qui ont précédé. Enfin, elle admet également l'annulabilité, sans restriction quant à la date, de tous actes faits en fraude des droits des créanciers en connivence avec le tiers; de toutes dispositions à titre gratuit au profit de la femme du failli par son mari; de toute garantie donnée par lui à sa femme pour l'administration des biens de celle-ci, en dehors des sûretés voulues par la loi.

Lorsque la masse n'exerce pas l'action en nullité qui lui compète, chacun des créanciers peut le faire au profit de la masse, laquelle, en cas de succès, doit rembourser au créancier les frais qu'il a avancés.

Nous ne parlerons pas de l'ordre entre les créanciers, ce qui nécessiterait l'exposé des lois civiles allemandes. Disons seulement que les dispositions de la loi prussienne, en cette matière, et notamment quant à la revendication, sont analogues à celles de notre code.

4° DE LA FAILLITE DES SOCIÉTÉS.

1. *Sociétés par actions.* — Les administrateurs de la société sont tenus de déclarer la cessation des paiements et représentent la société dans toutes les opérations de la faillite. S'il y a eu dissolution, les liquidateurs remplacent les administrateurs, et il n'y a lieu à faillite que si la liquidation n'est pas terminée. En cas d'ouverture de la faillite d'une société par actions, cette ouverture doit être notifiée à la préfecture de l'arrondissement du siège de la société. Il n'y a pas lieu à concordat.

2. *Autres sociétés de commerce.* — La déclaration doit être faite par l'un des associés et doit contenir les noms et domiciles des associés solidaires. En l'absence de déclaration, l'arrestation des associés peut être ordonnée.

La faillite s'ouvre sur les biens de la société et en même temps sur ceux des associés solidaires. Les créanciers sociaux ont seuls droit à l'actif social et, s'ils ne sont pas entièrement désintéressés, viennent ensuite sur les biens des associés.

Si un concordat est accordé à la société, les faillites des associés sont closes.

Un concordat peut être accordé à un associé personnellement. En ce cas, il est toujours tenu solidairement des dettes sociales.

5° DE LA FAILLITE DES ÉTRANGERS.

La loi prussienne a réglé différents points de droit international privé, en cette matière, pour les cas où il n'existerait pas de traité entre la Prusse et l'État étranger (1).

---

(1) Comp. Règl. gén. autrich., § 153. — *La faillite dans le droit international privé.* G. Carle. Traduction Ernest Dubois, p. 70.

Lorsqu'un étranger possédant un établissement commercial en Prusse cesse ses paiements, il y a lieu à l'ouverture de la *faillite locale*, s'appliquant aux biens possédés en Prusse par cet étranger; ce qui reste après la clôture de cette faillite locale, ou bien (au cas où il n'y a pas en Prusse d'établissement commercial de l'étranger mais seulement d'autres biens lui appartenant), ce qui reste après le paiement des créanciers qui ont pratiqué sur ces biens des voies d'exécution, doit être remis à la faillite étrangère.

Le tribunal, saisi de la demande faite par la faillite étrangère d'être mis en possession des biens se trouvant en Prusse, rend cette demande publique. Sur cette publication, et en l'absence de réclamations des créanciers régnicoles pendant six semaines, il y a lieu à la délivrance des biens à la faillite étrangère. Il faut, du reste, le consentement préalable du ministre de la justice et du ministre des affaires étrangères.

6° DE LA RÉHABILITATION.

Comme chez nous, la faillite entraîne diverses incapacités.

Le failli non réhabilité ne peut être ni courtier, ni syndic de faillite, ni mandataire pour les affaires commerciales, etc.

Quant au failli concordataire, il peut faire partie d'une corporation, entrer à la Bourse, si ces droits sont utiles à l'exercice de son commerce.

La demande en réhabilitation est adressée au tribunal qui a connu de la faillite. La demande est publiée : elle est affichée pendant deux mois au tribunal, à la Bourse et au domicile du failli.

Une demande en réhabilitation rejetée par le tribunal ne peut être renouvelée qu'après trois ans.

Ne peut être réhabilité le failli qui, par suite d'une condamnation, a subi la perte ou l'interdiction temporaire de ses droits civils.

§ 3. — Loi fédérale du 10 février 1877.

L'objet de cette loi a été de rendre applicable, avec certaines modifications, dans tout l'Empire allemand, la législation prussienne de 1855, mais *sans distinguer la faillite du commerçant de celle du non-commerçant* » (1).

Nous devons donner un rapide aperçu de cette législation sur le *concours des créanciers*, qui mériterait une étude particulière et plus approfondie (2).

La procédure du *concours entre les créanciers* (faillite) embrasse tous les biens susceptibles d'exécution forcée qui appartiennent au débiteur (failli), à l'époque de l'ouverture de la faillite.

Le tribunal du domicile du failli est exclusivement compétent pour tout ce qui concerne cette procédure. La faillite est ouverte par jugement rendu par ce tribunal, après audition du débiteur, lorsque celui-ci est dans l'impossibilité de continuer ses paiements et que, soit lui-même, soit l'un de ses créanciers, requiert l'ouverture de la faillite.

Le tribunal peut, avant de rendre le jugement déclaratif, ordonner une information et prendre provisoirement des mesures conservatoires, au nombre desquelles se place l'interdiction générale de vente. La demande d'ouverture de faillite peut être repoussée lorsqu'il ne se trouve pas des biens suffisants pour faire face aux frais de la procédure.

Le jugement déclaratif ordonne, s'il y a lieu, l'arrestation du débiteur et nomme un administrateur (syndic).

---

(1) Sur l'utilité qu'il y aurait à ne pas distinguer, en législation, la faillite de la déconfiture ou faillite du non-commerçant, voir A. Closset : *Réformes pratiques*, *livre III du code de commerce*, p. 84 et suivantes.

(2) V. l'édition de Guttentag (Berlin, 1878), annotée par Sydow, juge au tribunal de Halle. — Un commentaire plus important, par Sarwey, a également paru il y a peu de temps.

Le droit d'administration et de disposition des biens appartenant à la masse passe du failli au syndic. Une assemblée de créanciers, convoquée par le tribunal, dès l'ouverture de la procédure, maintient le syndic nommé par le tribunal, ou en nomme un autre ; mais, en ce cas, le tribunal peut annuler la nomination faite par l'assemblée.

Un *comité d'administration*, composé de créanciers, peut être établi pour aider le syndic et surveiller ses actes.

Le failli peut être astreint à prêter serment pour ce qui concerne la composition de la masse.

Le syndic distrait de la masse les objets qui n'appartiennent pas au failli (Art. 35 à 38.) La réalisation des biens, sur lesquels les créanciers privilégiés ou munis de gage ont des droits spéciaux, peut être laissée par le syndic aux soins de ces créanciers. (Art. 39 à 45.) Tous les autres biens sont réalisés par le syndic par voie de vente volontaire. C'est seulement pour les immeubles qu'il y a lieu à exécution forcée par voie d'adjudication.

La réalisation de l'actif n'a lieu, en général, qu'après l'accomplissement des formalités de vérification des créances. Le syndic poursuit et met à fin les procédures dans lesquelles était engagé le failli. Il est autorisé à exécuter les contrats synallagmatiques qui ne l'ont pas été par le failli ou à en demander lui-même l'exécution. Mais il peut demander la résiliation de ces marchés et, dans ce cas, l'autre partie obtient des dommages-intérêts et devient créancière de la masse. (Art. 15 à 24.)

Le syndic fait annuler les opérations passées par le failli au préjudice de ses créanciers, lorsque la partie qui a contracté avec le débiteur avait connaissance de la cessation des paiements ou était complice de la fraude ou bien lorsqu'il s'agit de dispositions à titre gratuit.

Les personnes qui ont des actions contre la masse ou contre le débiteur lui-même peuvent, en dehors de la procédure de faillite, se payer par *compensation*, dans des cas où ce mode de libération ne serait pas admis par la loi française. (Art. 46 à 49.)

L'actif, déduction faite des frais et dettes de masse (art. 50 à 53), est réparti entre les créanciers de la faillite, proportionnellement au montant de leurs créances, sauf pour les privilégiés.

Il y a *cinq classes de priviléges* :

1° Les salaires des domestiques et ouvriers ; 2° les impôts et contributions dûs à l'Empire, à l'Etat ou à la Commune ; 3° les prestations dues aux églises, écoles et associations publiques ; 4° les honoraires de médecins ; 5° les droits des incapables : enfants, pupilles....

La vérification des créances se fait, après certaines publications, dans le délai déterminé par le tribunal dès l'ouverture de la procédure. Si le syndic ou un créancier faisant partie de la masse conteste la production, le créancier contesté poursuit la reconnaissance de son droit, par la voie de la procédure ordinaire, contre le contestant. Faute par lui de ce faire, il n'est pas admis aux répartitions. Il peut ainsi se trouver, de fait, exclu de la masse ; mais, en droit, il n'existe pas de forclusion contre le créancier qui n'a pas produit dans le délai ou n'a pas fait juger la contestation.

Les créanciers privilégiés peuvent prendre part à la procédure de faillite pour le montant de ce qui leur reste dû.

Aussitôt après l'expiration du délai de production, le syndic fait une première répartition, s'il y a en caisse fonds suffisants. Il en donne avis dans les journaux, en indiquant le total des productions et de l'actif à répartir, ainsi que le délai dans lequel on devra se présenter. Il dépose au greffe du tribunal le tableau des créances produites. Il y fait également figurer les créances de ceux qui ont établi avoir intenté dans le délai imparti une instance en vérification.

Il est procédé de même, après la réalisation de tout l'actif, à la répartition définitive, avec homologation par le tribunal de la liste définitive des créances. Le syndic rend compte de son administration à l'assemblée générale des créanciers et au failli. Le tribunal prononce la clôture de la procédure.

Le produit de biens appartenant à la masse qui se découvriraient ultérieurement, devient l'objet d'une répartition supplémentaire, laquelle a lieu sur la base du tableau définitif. La procédure de faillite peut aussi prendre fin par le concordat. Le projet de concordat est présenté par le failli, qui doit indiquer le dividende offert et les garanties données aux créanciers. Ce projet est soumis à un examen préparatoire du tribunal, puis présenté à l'acceptation de l'assemblée des créanciers. Il est admis, lorsqu'il réunit la majorité en n mbre des créanciers *présents* et la majorité des trois-quarts en sommes des créanciers ayant droit de vote.

Le concordat est soumis à l'homologation du tribunal. Cette approbation ne peut être refusée que dans un certain nombre de cas déterminés.

Certains articles reproduisent en grande partie les dispositions de la loi de 1855, en ce qui concerne les faillites des sociétés et des étrangers, dispositions que nous avons analysées dans le paragraphe précédent.

CONCLUSION.

Nous connaissons la résolution prise par le Congrès du commerce et de l'industrie, au Trocadéro, en 1878. Les travaux du Congrès de Bruxelles, en 1880, seront accueillis avec intérêt. Mais on peut se demander si une solution plus pratique et d'un avenir moins lointain ne consisterait pas à inviter les nations dont la législation, en matière de faillite, repose sur les mêmes principes, à ouvrir, ou reprendre, s'il en a existé déjà, des négociations diplomatiques, afin d'établir entre elles, et en cette matière, l'uniformité de législation.

L'uniformité a été réalisée en des matières où elle pouvait paraître tout aussi difficile, entre un certain nombre de nations. Nous n'en donnerons qu'un exemple.

En 1865, *l'Italie, la Belgique et la Suisse* s'associèrent avec la France pour suivre le même système monétaire. Chaque puissance doit recevoir chez elle la monnaie de toute espèce des puissances associées, lesquelles constituent l'*Union latine*. Cette union s'est augmentée depuis 1865, par l'adhésion formelle ou de fait d'autres nations.

L'*Union latine en matière de faillite* arriverait aisément à comprendre les puissances suivantes : *la France, la Belgique, les Pays-Bas, tout ou partie de la Suisse, la Grèce, la Roumanie, l'Italie, l'Espagne et le Portugal*. C'est pour ces puissances, après la réalisation entre elles de l'unité de législation, que s'appliqueraient et porteraient tous leurs fruits les principes de *l'unité et de l'universalité de la faillite*.

Il ne nous reste plus qu'à examiner les résolutions présentées par la troisième Section du Congrès du Trocadéro. Dans un premier paragraphe, nous étudierons précisément l'unité et l'universalité de la faillite. Nous verrons ensuite ce qui a rapport à une tentative de concordat préalable à la déclaration de faillite ou bien au sursis de paiement.

Pour ce qui nous concerne, nous nous arrêtons à la même conclusion que le Congrès du commerce et de l'industrie, et, au cas où l'on croirait aboutir plus aisément à un résultat pratique, à l'invitation aux puissances que nous venons de désigner à se réunir en congrès pour réaliser entre elles l'uniformité de législation en matière de faillite. Si ces nations arrivaient à contracter une semblable *union*, elles adopteraient les principes de l'unité et de l'universalité de la faillite. Le congrès, où seraient jetées les bases de l'accord, aurait à discuter principalement le point de savoir si les puissances associées devraient adopter des mesures telles que le sursis de paiement et la tentative de concordat préalable à la déclaration de faillite.

§ 1er. — Unité et universalité de la Faillite.

Nous ne pourrions trouver de meilleur résumé sur ce point que les conclusions du mémoire de M. le professeur Giuseppe Carle (*la faillite dans le droit international privé*, traduction Ernest Dubois, page 154).

« La faillite est une institution dont le caractère est universel ; c'est l'exécution du débiteur dans l'intérêt de tous les créanciers, sans distinction de nationalité. Son importance dans le commerce de tous les peuples étant de premier ordre, elle ne doit pas être oubliée dans les conventions internationales.

La division des peuples civilisés en divers États ne doit pas altérer l'unité et l'universabilité de la faillite qui, dans les rapports internationaux, comme dans l'intérieur d'un même État, doit toujours se proposer le même but, savoir la protection du crédit et l'égalité entre tous les créanciers.

Par conséquent, même dans les rapports entre les États, — le tribunal de la faillite doit être unique ; — prononcée par le tribunal du domicile du failli et portée à la connaissance des créanciers de tous les pays, la déclaration de faillite doit avoir, par elle-même et partout, l'efficacité nécessaire pour empêcher tout acte à l'aide duquel on chercherait à éluder l'égalité et à frauder les créanciers ; — elle a seulement besoin d'être rendue exécutoire dans les pays où il s'agit d'arriver à une exécution proprement dite sur les biens qui s'y trouvent ; — l'égalité est la seule règle du concours entre les créanciers. La loi qui, en principe, doit être appliquée est celle du domicile du failli.

Il n'y a d'exception à faire que pour les créanciers qui, n'ayant pas suivi la foi personnelle du débiteur, se sont procurés des sûretés réelles ; celles-ci, par leur nature, subissent la loi de la situation des biens sur lesquelles elles frappent. Toutefois, même pour l'exercice de ces droits réels, il faut admettre certains tempéraments propres à concilier avec les exigences particulières de la faillite la liberté d'action qui ne peut être refusée à cet ordre de créanciers.»

Dans l'état actuel des législations, ces principes ne sont pas acceptés par notre jurisprudence française. Leur application soulève, d'ailleurs, diverses objections qui, jusqu'ici, on ne peut se le dissimuler, conservent un certain caractère de gravité.

On invoque, il est vrai, dans l'opinion de ceux qui considèrent la faillite comme un *judicium universale*, dans le sens du droit international privé, l'article 59 § 7 du code de procédure civile, d'après lequel le défendeur doit être assigné, en matière de faillite, *devant le juge du domicile du failli.*

On répond que cette disposition du code de procédure civile tranche bien une question de compétence, mais question qui ne peut s'agiter qu'*entre tribunaux français.* Et il est certain que l'article 14 du code civil donne aux Français le droit d'assigner l'étranger devant les tribunaux français pour faire régler les conséquences de son insolvabilité. D'autre part, les lois de police et de sûreté obligent les étrangers comme les nationaux (article 3 du code civil). En conséquence, un tribunal français peut, au nom de l'ordre public, déclarer *d'office* la faillite d'un étranger (Voir conclusions de M. l'avocat-général Hémar, arrêt rendu par la Cour de Paris, le 7 mars 1878).

La Cour de cassation a sur le point qui nous occupe la doctrine suivante :

« Attendu qu'aux termes de l'article 14 du code civil, l'étranger, même non résidant en France, peut être cité devant les tribunaux français pour l'exécution des engagements contractés envers un français ; que l'article 59 § 7 du code de procédure civile, qui ne règle qu'une question de compétence entre les tribunaux français, ne saurait être considéré comme ayant dérogé à la disposition générale de l'article précité, pour le cas où il s'agirait de faire condamner une société étrangère tombée en faillite ou mise en liquidation à exécuter des obligations envers un français. » (Req. 12 nov. 1872. *Aff. Imperial land Company of Marseille* contre Chauvassaigne).

Dans le cas où interviendrait entre les nations l'union qui nous semble désirable, les créanciers, quelle que soit leur nationalité, trouveraient partout les garanties résultant de la réciprocité et de l'uniformité de législation.

Le Congrès, il faut le remarquer, aurait à régler la manière dont se terminerait le conflit des juridictions, pour le cas où des tribunaux appartenant à diverses nations seraient en désaccord sur le domicile du failli.

Dans l'état actuel, le système de l'indivisibilité de la faillite, qui a pour lui la logique rigoureuse, offre bien des inconvénients. Ils ont été signalés par M. l'avocat-général Hémar, dans les termes suivants : « N'est-il pas permis de s'effrayer en pensant à la situation faite aux nombreux créanciers français? Privés de la protection du pouvoir local, ils seront obligés de s'adresser à un pouvoir étranger... ils devront faire valoir leurs droits à une distance souvent considérable de leur domicile, au prix de dépenses qui grèvent une créance déjà compromise. Ils verront ainsi tout l'actif qui leur avait inspiré confiance et qui était leur gage émigrer vers les régions étrangères et échapper à leur surveillance. »

---

§ 2. — Des mesures prises en faveur du débiteur avant toute déclaration de faillite.

I. — HISTORIQUE POUR LE DROIT FRANÇAIS.

Dans l'ancien droit, le pouvoir royal pouvait accorder aux débiteurs des *lettres de répit*. C'était l'arbitraire dans une matière qui le comporte moins encore que bien d'autres. Le titre IX de l'ordonnance de 1673, comprenant cinq articles, était consacré aux lettres de répit. Ce titre donnait certaines garanties aux créanciers. Ainsi ceux-ci avaient le droit de requérir la représentation des livres du débiteur. L'impétrant devait déposer au greffe un état de ses biens et de ses dettes. Il ne pouvait favoriser l'un de ses créanciers au detriment des autres. L'article 5 excluait des fonctions publiques ceux qui avaient obtenu des lettres de répit ou des défenses générales. Ainsi, ils ne pouvaient être maires ou échevins, ni remplir les fonctions de juges-consuls.

« Suivant Savary, dit M. Dalloz, lorsque des lettres de répit ou des arrêts de défenses générales étaient obtenus, la faillite devait être considérée comme ouverte à partir de cette obtention. Il considérait ces faillites comme les plus dangereuses, parce qu'elles sont souvent préméditées par les débiteurs, pour avoir le temps, pendant que les défenses subsistent, d'achever et emporter tous leurs effets, au préjudice de leurs créanciers. »

Une déclaration du 23 décembre 1699 compléta la législation relative aux lettres de répit, ajoutant de nouvelles garanties à celles qui existaient déjà au profit des créanciers La révolution de 1789 eut, parmi tant d'autres résultats, celui d'abolir complétement les lettres de répit, et le code de 1808 n'introduisit dans la législation rien qui y ressemblât. Il en fut de même pour la loi de 1838. Mais, dix ans plus tard, les événements politiques firent surgir plusieurs propositions ayant pour but de venir en aide aux débiteurs malheureux et de bonne foi.

Le 19 mars 1848, le gouvernement provisoire autorisa par décret les tribunaux de commerce à accorder à tout commerçant sur sa requête, et, à certaines conditions énumérées dans le décret, un sursis de trois mois au plus. C'était là une mesure d'un caractère essentiellement transitoire, qui semblait nécessitée par la situation critique du commerce français.

L'expérience, d'ailleurs, ne fut pas favorable au décret du 19 mars. Plusieurs membres de l'Assemblée nationale cherchèrent à le remplacer par des dispositions nouvelles dont ils prirent l'initiative. Il s'agissait de concordats préalables à toute déclaration de faillite et improprement appelés *amiables*, puisqu'ils devaient résulter du concours d'une certaine majorité ou de la décision d une commission arbitrale. Ces propositions émanèrent de M. Jules Favre, de M. Dupont (de Bussac), de M. Boudet, et du Comité de commerce. Elles furent toutes repoussées par le Comité de législation, dont M. Bravard-Veyrières, savant professeur de la Faculté de droit de Paris, fut l'organe auprès de l'Assemblée nationale.

Lorsqu'il s'agira d'examiner une œuvre législative concernant les concordats dits amiables, préalables à la déclaration de faillite, il sera toujours nécessaire d'étudier de la façon la plus sérieuse le beau rapport de M. Bravard-Veyrières. Il se trouve reproduit dans le Recueil chronologique de M. Dalloz, année 1848, quatrième partie, page 153. Nous ne le citerons ni dans son entier ni par extraits. Disons seulement qu'il conclut de la façon la plus énergique au maintien pur et simple de la législation de 1838, qui se suffit à elle-même (1).

Cependant les circonstances politiques amenèrent l'Assemblée nationale à voter le *décret du 22-26 août 1848 relatif aux concordats amiables*, lequel contient les dispositions suivantes :

« Art. 1er. — Les suspensions ou cessations de paiement survenues le 24 février jusqu'à la promulgation du présent décret, bien que régies par les dispositions du livre III du Code de commerce, ne recevront la qualification de faillite et n'entraîneront les incapacités attachées à la qualité de failli, que dans le cas où le Tribunal de commerce refuserait d'homologuer le concordat, ou, en l'homologuant, ne déclarerait pas le débiteur affranchi de cette qualification.

(Cet article avait été adopté par le Comité de législation et proposé par le rapport même de M. Bravard-Veyrières. Le suivant fut introduit par voie d'amendement.)

Art. 2. — Le Tribunal de commerce aura la faculté, si un arrangement amiable est déjà consenti entre le débiteur et la moitié en nombre de ses créanciers, représentant les trois quarts en sommes, de *dispenser le débiteur de l'apposition des scellés et de l'inventaire judiciaire. Dans ce cas, le débiteur conservera l'administration de ses affaires, et procédera à leur liqui-*

---

(1) Comp. sur cette question : *Réformes pratiques. Livre III du Code de Commerce*, par A. Closset. — Paris. Marchal, Billard et Cie.

dation concurremment avec les syndics régulièrement nommés, et sous la surveillance d'un juge commis par le tribunal, mais sans pouvoir créer de nouvelles dettes.

Les dispositions du code de commerce relatives à la vérification des créances, au concordat, aux opérations qui les précèdent et qui les suivent et aux conséquences de la faillite dont le débiteur n'est pas affranchi par l'article 1er du présent décret, continueront de recevoir leur application.

Art. 3. — Le présent décret est applicable à l'Algérie. »

M. Bravard-Veyrières eut l'occasion de publier des observations critiques sur l'extension donnée par une décision judiciaire au décret que nous venons de rapporter et aussi sur la disposition de l'article 2 en elle-même, disposition qui, comme nous l'avons dit plus haut, avait été introduite dans le décret, au cours de la discussion. On trouvera ces *observations* dans le Recueil de Dalloz, 1848, 3e partie, p. 101.

Le décret du 22 août 1848 était une loi de circonstance, ayant pour but de remédier à une situation exceptionnelle et temporaire. Aussi, l'Assemblée législative, sur la proposition de M. Bravard-Veyrières, rendit, le 12 *novembre* 1849 une *loi* ainsi conçue : « Trois jours après la promulgation de la présente loi, nul commerçant en état de cessation de paiements ne sera recevable à réclamer le bénéfice du décret du 22 août 1848, et les dispositions du livre III du Code de commerce sur les faillites et banqueroutes reprendront tout leur empire. »

Une législation transitoire analogue, se place après la guerre de 1870-1871. (V. les lois relatives aux concordats amiables : 22 avr. 1871. D. P. 1871. 4.54. — 9 sept. 1871. D. P. 1871. 4.158. — 19 déc. 1871. D. P. 1871. 4.167.

II. — LE SURSIS DE PAIEMENT EN BELGIQUE.

En 1851, le législateur belge avait à accepter le système du code français de 1808, ou de 1838, en ne reconnaissant pas un état intermédiaire entre l'état de faillite et celui d'un commerçant qui peut faire face à tous ses engagements, ou bien à maintenir l'institution du sursis de paiement établie dans les Pays-Bas par l'arrêté-loi du 25 novembre 1814, malgré les abus auxquels cet arrêté-loi du roi des Pays-Bas avait donné lieu.

En France, en 1838, on avait pensé que les inconvénients des sursis l'emportaient sur leurs avantages, et M. le rapporteur Quénault disait à cet égard : « Proclamer que la cessation des paiements caractérise la faillite, c'est avoir implicitement repoussé la proposition de reconnaître un état de suspension de paiements auquel certaines immunités seraient attachées par la loi. Comment, en effet, les tribunaux pourraient-ils distinguer la cessation des paiements de leur simple suspension? On voudrait que cette situation nouvelle fût réservée au négociant qui ne serait point insolvable. Mais, pour s'assurer de sa solvabilité, il faudrait se livrer à toutes les vérifications établies par la procédure de faillite, et même aller jusqu'à la vente des biens, qui peut seule faire connaître leur valeur. Autrement, on ne peut apprécier la solvabilité d'un négociant que par son crédit, qui a pour mesure la confiance que ses créanciers lui accordent. Il faut donc abandonner au libre consentement des créanciers ces arrangements qui supposent le crédit et la solvabilité du débiteur. Si quelques-uns des créanciers s'y refusent, on ne peut leur imposer des sacrifices qu'après toutes les épreuves qui en démontrent la nécessité. Suspendre les droits individuels des créanciers, sans leur assurer les garanties qui résultent du régime de la faillite, ce serait renouveler les abus des anciennes lettres de répit et des arrêts de surséance. »

Malgré ces considérations, le législateur belge a cru que les avantages du sursis de paiement ne peuvent être négligés et qu'une loi sagement faite peut arriver à en atténuer les inconvénients dans une très-large mesure.

Nos statistiques montrent que, dans une certaine proportion, les faillites se liquident à la satisfaction complète des créanciers. Sans doute, dans ces cas exceptionnels, le commerçant failli arrivera facilement à la réhabilitation ; mais on sera en même temps obligé de reconnaître que si la liquidation de la faillite a satisfait les créanciers, elle a causé la ruine complète du débiteur. Un sursis de paiement, tout en ne sacrifiant rien de l'intérêt des créanciers, aurait rassuré tout le monde, maintenu, avec les restrictions nécessaires, le commerçant à la direction de ses opérations commerciales, à la tête de ses affaires ; lui aurait ainsi évité la perte de sa fortune.

La loi belge s'est efforcée d'empêcher le retour des abus causés par l'institution des sursis. La procédure qu'elle organise est rationnelle, rapide, économique. De nombreux articles sauvegardent d'une manière suffisante les intérêts des créanciers, et il ne faut pas perdre de vue que souvent ces intérêts seraient lésés davantage par une déclaration de faillite.

Il est à remarquer que le sursis de paiement n'a rien d'incompatible avec les principes de notre droit: l'article 1244 du Code civil, tout en n'admettant pas de terme de grâce en faveur du débiteur pour la généralité de ses engagements, permet aux tribunaux d'accorder au débiteur un terme de grâce, lorsque ce débiteur est poursuivi en exécution d'une ou plusieurs obligations déterminées.

Le tribunal civil d'Amiens a fait application de cette idée dans un jugement du 17 janvier 1874. Ce jugement a donné l'*exéquatur* à une décision rendue par une Cour d'appel de Belgique, suivant laquelle il était accordé un sursis de paiement à un commerçant belge. Malgré la contradiction d'un créancier français, le sursis de paiement est devenu valable en France, opposable par le débiteur belge, même à son créancier français.

Ainsi, par la différence des législations, il peut arriver qu'un débiteur étranger obtienne en France des avantages qui ne pourraient pas être accordés à un débiteur français.

Voici, du reste, quelques considérants du jugement dont nous parlons :

« .... Qu'il n'est pas nécessaire, pour qu'un jugement étranger soit déclaré exécutoire en France, qu'il soit exactement conforme à la législation française; qu'il suffit qu'il ne soit pas contraire à l'ordre public et aux principes généraux sur lesquels repose la loi française.....

Que le sursis de paiement accordé par la loi belge au commerçant qui justifie que c'est par suite d'un événement extraordinaire et imprévu qu'il a dû cesser ses paiements et que son actif vérifié excède son passif, rend la situation des créanciers bien meilleure que l'état de faillite; que le débiteur reste à la tête de ses affaires; que son actif est recouvré sous la surveillance des commissaires nommés par la Cour et réparti également entre tous ses créanciers..... »

Entrant dans le détail des dispositions adoptées par le législateur belge, nous examinerons successivement le but de la loi, les conditions et la durée du sursis, la procédure, les effets du sursis, la révocation ou le retrait de ce sursis, les pénalités, et le cas de faillite intervenant après l'expiration du sursis.

A. *Notions générales.*

La loi belge a voulu venir en aide aux commerçants gênés à la suite de circonstances qu'ils ne pouvaient prévoir. Elle permet, en ce cas, d'arrêter l'exécution contre la personne et les biens du débiteur. Il est laissé à la tête de ses affaires, peut continuer son commerce ou son industrie. Mais, il doit, dans un délai assez restreint, liquider son passif. Cette liquidation se fait dans des conditions qui maintiennent l'égalité entre les créanciers chirographaires et sauvegardent tous les droits.

Nous venons de dire que c'est seulement aux commerçants gênés à la suite de circonstances fortuites que la loi a voulu venir en aide. Voici en effet, son texte : « Le sursis de paiement n'est accordé qu'au commerçant qui, par suite d'événements extraordinaires et imprévus, est contraint de cesser temporairement ses paiements, mais qui, d'après son bilan dûment vérifié, a des biens ou moyens suffisants pour satisfaire tous ses créanciers en principal et intérêts. »

On comprend que la nécessité d'avoir recours au sursis de paiement n'emporte aucune espèce de flétrissure. Le maintien du débiteur à la tête de son commerce est pour lui un droit, et tout le public est rassuré par ce fait que le bilan a été vérifié et que l'actif a été trouvé au moins égal au passif. Ces considérations, sur lesquelles il est inutile d'insister, montrent la différence profonde qui existe entre cette partie de la législation belge et la possibilité, en cas de faillite, de la continuation des opérations commerciales au profit de la masse des créanciers. (Articles 469, 488 du Code français; 475 du Code belge.)

Le commerçant qui sollicite un sursis adresse une requête à la fois au Tribunal de commerce de son arrondissement et à la Cour d'appel du ressort. C'est la Cour d'appel qui est chargée de la décision définitive. L'instruction de l'affaire seulement est dévolue au Tribunal de commerce, lequel cependant peut accorder un sursis provisoire. Les effets de ce sursis provisoire sont les mêmes que ceux du sursis définitif; il a notamment pour utilité d'empêcher toute déclaration de faillite. Si la décision de la Cour d'appel est favorable au requérant, le sursis provisoire est remplacé par le sursis accordé par la Cour; si la décision est défavorable, le sursis provisoire est par là même révoqué:

La Cour d'appel apprécie souverainement quels sont les événements imprévus qui peuvent mériter au commerçant la faveur du sursis de paiement. Quant à la vérification du bilan, elle a lieu par un ou plusieurs experts nommés par le Tribunal de commerce, lequel, nous le savons, est chargé de l'instruction sur la requête.

Il faut que l'actif soit au moins égal au passif. C'est ce que la vérification du bilan fera voir. Mais, même en ce cas, la Cour d'appel ne pourra pas accorder le sursis sans l'adhésion de la majorité des créanciers :

« La Cour ne peut accorder de sursis, alors même que l'actif suffira pour couvrir le passif, que si la majorité des créanciers, représentant par leurs créances les trois quarts de toutes les sommes dues, ont adhéré expressément à la demande. » (Art. 599.)

D'après la suite de cet article, ne sont pas compris dans le calcul de cette majorité les créanciers que leur éloignement n'a pas permis de comparaître en temps utile et ceux auxquels le sursis n'est pas opposable, c'est-à-dire les créanciers munis de sûretés réelles et les créanciers pour aliments.

La Cour, en accordant le sursis, en fixe la durée. Cette durée ne peut excéder un an. Il peut être accordé une prorogation, laquelle ne peut non plus excéder un an, et la loi déclare que le bénéfice des sursis provisoire et définitif ne pourra exister pendant plus de deux ans au profit du même débiteur. Néanmoins, ajoute l'article 600, il pourra être accordé une dernière prolongation d'un an au plus au débiteur qui justifiera avoir liquidé, pendant les sursis précédents, au moins 60 pour cent de son passif.

Ainsi, la situation résultant du sursis, dans les circonstances les plus favorables, ne pourra exister que pour une durée *maxima* de trois ans. La durée sera généralement inférieure à un an.

B. *Procédure.*

Nous avons dit que le commerçant qui se trouve dans le cas de solliciter un sursis de paiement doit adresser sa requête simultanément au Tribunal de commerce dans l'arrondissement duquel il est domicilié et à la Cour d'appel du ressort. « Il joindra à sa requête : 1° l'exposé des événements sur lesquels il fonde sa demande ; 2° l'état détaillé et estimatif de son actif et de son passif ; 3° la liste nominative de ses créanciers avec l'indication de leur domicile et le montant de leurs créances. — La requête adressée à la Cour d'appel sera communiquée par le premier président au procureur général ; elle devra être signée par un avoué près de cette Cour. »

1° INSTRUCTION FAITE PAR LE TRIBUNAL DE COMMERCE. — DU SURSIS PROVISOIRE.

La requête adressée au Tribunal de commerce sera remise au greffier qui en donnera récépissé, sans en dresser acte de dépôt. Cette disposition a pour but de diminuer les frais de cette procédure, lesquels, c'est ici le lieu de le remarquer, sont à la charge du requérant et doivent être immédiatement payés par lui.

Sur la requête présentée au Tribunal de commerce, les créanciers sont convoqués, avertis par la voie des journaux ; un ou plusieurs experts sont nommés pour la vérification du bilan ; un juge-commissaire est nommé.

L'article 595 porte, en outre, que le tribunal pourra, soit immédiatement, soit dans le cours de l'instruction, accorder au débiteur un sursis provisoire. Dans ce cas, le tribunal nommera un ou plusieurs commissaires chargés de surveiller et de contrôler les opérations du débiteur pendant toute la durée du sursis.

L'instruction se fait contradictoirement entre le débiteur et ses créanciers.

« Au jour indiqué, porte l'article 597, le juge-commissaire fera son rapport au tribunal, en présence des créanciers ou de leurs fondés de pouvoirs. Les créanciers ou leurs fondés de pouvoirs seront entendus contradictoirement avec le débiteur ; ils déclareront individuellement le montant de leurs créances et s'ils adhèrent ou n'adhèrent pas à la demande. — Il sera dressé du tout un procès-verbal détaillé auquel seront annexées les pièces qui auraient été produites, tant par les créanciers que par les débiteurs. Le tribunal y joindra son avis motivé. »

2° DÉCISION RENDUE PAR LA COUR D'APPEL.

L'instruction terminée, la Cour doit se décider, sur les pièces qui lui sont transmises. Les créanciers opposants ne peuvent intervenir devant elle.

Aux termes de l'article 598, l'avis du tribunal, ainsi que toutes les pièces relatives à la demande, seront transmises, dans les trois jours, au procureur général près la Cour d'appel du ressort, qui les soumettra, avec ses conclusions, au premier président; celui-ci commettra un conseiller, sur le rapport duquel la Cour statuera dans la huitaine de la présentation des pièces.

La Cour nommera, si elle accorde le sursis, un ou plusieurs commissaires chargés de surveiller et de contrôler les opérations du débiteur pendant toute la durée de ce sursis.

C. *Effets de sursis.*

1° SUSPENSION DE TOUTE VOIE D'EXÉCUTION CONTRE LA PERSONNE OU LES BIENS DU DÉBITEUR.

Mais les créanciers peuvent avoir intérêt à faire constater judiciairement leurs droits : le sursis ne suspend donc ni le cours des actions déjà intentées, ni l'exercice des actions nouvelles, à moins que ces actions n'aient pour objet le paiement d'une créance dont ni le principe ni la quotité ne sont contestés. Une telle action, à raison même du sursis, est dénuée de toute espèce d'intérêt.

2° PAIEMENT DES CRÉANCES PROPORTIONNELLEMENT A LEUR MONTANT.

Par analogie de motifs avec ce qui se passe en matière de faillite, l'égalité doit être strictement maintenue entre les créanciers composant la masse.

3° INCAPACITÉ DU DÉBITEUR.

Il ne pourra, d'après l'article 603, aliéner, engager ou hypothéquer ses biens meubles ou immeubles, plaider, transiger, emprunter, recevoir aucune somme, faire aucun paiement, ni se livrer à aucun acte d'administration, sans l'autorisation des commissaires-surveillants.

Dans cette disposition se trouve la principale garantie des créanciers du commerçant qui a obtenu un sursis. Mais celui-ci n'est pas livré sans défense aux volontés arbitraires de celui qui, en France, pourrait être appelé son syndic ; la loi veut qu'en cas d'opposition de la part du débiteur ou de l'un des commissaires, il soit statué par le tribunal de commerce.

Il faut voir maintenant quelles sont les restrictions imposées aux effets du sursis.

Ces effets ne s'appliquent pas :

1° Aux engagements contractés postérieurement au sursis.

Il faut, en effet, que le débiteur, autorisé par les commissaires, inspire toute confiance au public. Or, personne ne consentirait à traiter avec lui, si l'exécution de ses nouveaux engagements était suspendue.

2° Aux créances qui, soit parce que les services de l'État ne peuvent être entravés sous aucun prétexte, soit parce que leur nature ou les garanties qui y sont attachées motivent cette exception, doivent être considérées comme en dehors du sursis.

Il est sans effet, aux termes de l'article 605, 1° aux impôts et autres charges publiques, ainsi qu'aux contributions pour les digues et polders ; — 2° aux créances garanties par des priviléges, hypothèques ou nantissements ; — 3° aux créances dues pour aliments ; — 4° aux fournitures de subsistances faites au débiteur ou à sa famille pendant les six mois qui ont précédé le sursis.

En vertu de ces principes, les créanciers qui n'ont pas suivi la foi du débiteur, mais qui ont obtenu de lui ou de la loi la concession de sûretés spéciales (hypothèques, priviléges), pourraient, même pendant la durée du sursis, poursuivre la réalisation de leur gage. Mais, une application pure et simple de ce principe aboutirait presque toujours à annihiler complètement le bénéfice accordé au débiteur. Il fallait évidemment y apporter les restrictions nécessaires, voulues par le but même que se proposait la loi. Aussi, l'article 606 décide que les créanciers hypothécaires ou privilégiés ne pourront, pendant la durée du sursis, faire procéder à la vente des immeubles et de leurs accessoires *nécessaires à l'exercice de la profession* ou de l'industrie du débiteur, pourvu que les intérêts courants des créances garanties soient intégralement payés.

D. *Notions diverses.*

1° DE LA RÉVOCATION DU SURSIS.

Elle peut être demandée dans tous cas :

1° Si le débiteur s'est rendu coupable de dol ou de mauvaise foi.

2° S'il a contrevenu à l'article 603, c'est-à-dire si, durant le sursis il a fait des paiements à certains créanciers au préjudice des autres, ou s'il a fait seul des actes pour lesquels la loi exige l'autorisation des commissaires.

3° S'il apparaît que son actif n'offre plus de ressources suffisantes pour payer intégralement toutes ses dettes.

La demande de révocation sera adressée au tribunal de commerce qui, après avoir entendu le débiteur, statuera, s'il s'agit d'un sursis provisoire, ou émettra son avis, 'il s'agit d'un sursis définitif.

2° DU RETRAIT DU SURSIS.

Le débiteur peut n'avoir plus intérêt à user du bénéfice qui lui a été accordé, soit par le motif qu'il peut faire immédiatement face à tous ses engagements, soit par tout autre. En ce cas, il fait publier un avis annonçant sa demande de retrait, et, sur la justification de cette publication, il lui est donné acte de sa demande qui, comme la demande de sursis elle-même, a dû être simultanément adressée au tribunal de commerce et à la cour d'appel.

3° PÉNALITÉS.

Le débiteur sera puni de la même peine que le banqueroutier simple, 1° si, pour déterminer ou faciliter la délivrance du sursis, il a, de quelque manière que ce soit, volontairement dissimulé une partie de son passif ou exagéré son actif; 2° s'il a fait ou laissé intervenir, aux délibérations relatives à la demande de sursis, un ou plusieurs créanciers supposés ou dont les créances, à raison desquelles ils ont pris part aux délibérations, sont exagérées.

Seront punis de la même peine, ceux qui, sans être créanciers, auraient pris part aux délibérations relatives à la demande de sursis, ou qui, étant créanciers, auraient frauduleusement exagéré les créances à raison desquelles ils ont concouru aux délibérations. (Art. 611 et 612).

4° FAILLITE DÉCLARÉE.

En cas de faillite du débiteur dans les six mois qui suivront l'expiration du sursis, l'époque de la cessation des paiements remontera, de plein droit, au jour de la demande de sursis.

Le cas, ainsi prévu, se présentera assez souvent. C'est même cette considération qui a fait bannir le sursis de paiement de notre loi de 1838. Mais, quelle que soit la fréquence de ce cas, il sera loin de se présenter toujours, et ce sera déjà un grand bien d'avoir évité à de nombreux commerçants le déshonneur et les effets désastreux de la faillite. Du reste, les principaux inconvénients qui pourraient se présenter en cas de faillite intervenant à l'expiration du sursis, n'ont pas lieu, lorsqu'il est décidé, comme par la loi belge, que la faillite une fois déclarée devra produire tous ses effets, nonobstant la concession antérieure d'un sursis. De plus, sont nuls et de nul effet tous les actes faits par le débiteur sans l'autorisation des commissaires dans les cas prévus par la loi.

L'article 474 du code de commerce belge est ainsi conçu : « Si un débiteur, *en faisant l'aveu de sa faillite*, a déclaré que son actif est plus que suffisant pour payer toutes ses dettes, *et s'il a demandé un sursis*, le tribunal de commerce, *sans arrêter la marche de la faillite*, pourra ordonner la vérification immédiate de l'état de ses affaires par un ou plusieurs experts ; et si, d'après le résultat de cette vérification, il reconnaît que l'actif du débiteur dépasse réellement son passif, il ordonnera la convocation immédiate des créanciers, et *il sera procédé comme il est dit au titre IV.*» (C'est le titre IV qui est intitulé : *Des sursis de paiement*, art. 593 à 614.)

III. — DU SURSIS DE PAIEMENT DANS LES PAYS-BAS ET EN PORTUGAL.

Dans les Pays-Bas, les sursis sont accordés par la Cour suprême. Deux conseillers sont nommés commissaires. Le débiteur et ses créanciers comparaissent devant la Cour. Si, d'après le rapport des conseillers-commissaires, les deux tiers de la masse des créanciers représentant les trois quarts en sommes, ou bien les trois quarts des créanciers représentant les deux tiers de la dette (chirographaire), s'opposent au sursis, il est immédiatement rejeté.

Le sursis peut être accordé pour un an ; il ne peut être prorogé que pour des motifs graves et après une nouvelle enquête.

Pour les autres dispositions, on ne trouve pas de différence sensible avec la législation belge que nous venons d'étudier. (Art. 900 à 923 du code de commerce hollandais.)

En Portugal, des sursis de paiement (*moratorias*), peuvent être accordés aux débiteurs par le tribunal suprême du commerce. La législation portugaise, en cette matière, repose sur les mêmes bases que la législation belge. (Art. 1271 à 1286 du code de commerce portugais.)

IV. — DES LIQUIDATIONS AMIABLES EN ANGLETERRE ET EN AUTRICHE.

En Angleterre, les articles 125 à 127 de la loi de 1869 traitent de la liquidation par arrangement (*liquidation by arrangement*) et de la composition avec les créanciers au concordat amiable (*composition With creditors*).

Dans la liquidation par arrangement, le débiteur convoque ses créanciers en assemblée générale et ceux-ci peuvent décider par une *résolution spéciale* que l'on suivra les règles de la liquidation par arrangement et non la procédure de la faillite.

Dans la composition avec les créanciers, ceux-ci, avant toute demande de mise en faillite du débiteur, s'entendent avec lui sur les conditions de la composition du concordat. Il s'agit encore, ici, d'une *résolution spéciale*, c'est-à-dire, nous le savons, prise par la majorité en nombre, représentant les trois quarts en sommes. En cette matière, les créanciers au-dessous de douze livres sterlings ne doivent être compris que dans la majorité en sommes. Cette résolution doit être confirmée par une nouvelle assemblée tenue deux jours au moins et quatorze jours au plus après la première.

Les résolutions ainsi prises, n'obligent que ceux qui les ont votées.

En Autriche, l'ordonnance du 18 mai 1859 a organisé, mais à titre provisoire, les liquidations amiables.

Cette mesure est demandée par le débiteur ou par un ou plusieurs de ses créanciers.

La justice, en ce cas, ne prend que des mesures conservatoires et commet un ou deux notaires chargés de la liquidation. Leur mission ne doit durer que trois mois. Elle peut, cependant, être prorogée, s'il y a lieu d'espérer un résultat satisfaisant. Le tribunal choisit en même temps que le notaire une commission composée d'un certain nombre de créanciers.

Cette procédure, qui peut toujours être surveillée par un juge délégué par le tribunal, aboutit soit à un concordat, homologué par le tribunal, soit à la faillite ouverte.

§ 3. — De la procédure sommaire en matière de Concordat.

En Belgique, et dans quelques autres pays, le concordat peut précéder les opérations ordinaires de la faillite. Les dispositions de la loi belge nous paraîtraient pouvoir être adoptées en France.
En voici le texte :

« Si le débiteur, en faisant l'aveu de sa faillite, a satisfait aux dispositions des articles 440 et 441, s'il a présenté les bases d'un concordat et *demandé la convocation immédiate de ses créanciers* pour en délibérer, et si sa bonne foi n'est pas suspectée, *le tribunal pourra ordonner* soit par le jugement déclaratif soit par un jugement ultérieur, et *sans arrêter la marche de la faillite,* que *cette convocation sera faite* sur-le-champ, et fixer, eu égard aux distances, les lieu, jour et heure de la réunion de créanciers.

Dans ce cas, la déclaration, l'affirmation, la vérification et, s'il y a lieu, l'admission des créances, *pourront avoir lieu séance tenante*, et le concordat ne s'établira que par le concours des *trois quarts des créanciers* portés au bilan vérifié, et *représentant*, par leurs titres de créances admises, les *cinq sixièmes des sommes* dues d'après ce bilan. A défaut de ce concours, la délibération sera ajournée à l'époque fixée ou à fixer en exécution de l'article 509 (c'est-à-dire à l'époque ordinaire.— Article 520 du code de commerce belge.)

TABLE DES MATIÈRES.

	PAGES.
INTRODUCTION	7
§ 1. Considérations générales	7
§ 2. Aperçu historique	12
CHAPITRE Ier. — LA FAILLITE D'APRÈS LE CODE DE 1808 ET D'APRÈS LA LOI DE 1838	18
§ 1. Aperçu général	18
§ 2. Le code de 1808 et les modifications apportées par la loi de 1838	24
CHAPITRE II. — LA LOI DE 1838 A L'ÉTRANGER	52
§ 1. La loi des faillites en Italie	52
§ 2. La loi des faillites en Belgique	60
CHAPITRE III. — LA LOI DES FAILLITES DANS LES PAYS-BAS, EN ESPAGNE ET EN PORTUGAL	72
§ 1. Pays-Bas	72
§ 2. Espagne	74
§ 3. Portugal	79
CHAPITRE IV. — LA LOI DES FAILLITES EN ANGLETERRE	82
CHAPITRE V. — LA LOI DES FAILLITES EN ALLEMAGNE	87
§ 1. Droit commun allemand	87
§ 2. La loi prussienne du 8 mai 1855	88
§ 3. La loi fédérale du 10 février 1877	93
CONCLUSION	97
§ 1. Unité et universalité de la faillite	98
2. Des mesures à prendre en faveur du débiteur avant toute déclaration de faillite	101
I. Historique pour le droit français	101
II. Le sursis de paiement en Belgique	104
III. Du sursis de paiement dans les Pays-Bas et en Portugal	115
IV. Des liquidations amiables en Angleterre et en Autriche	115
3. De la procédure sommaire en matière de concordat	117

LILLE. IMPRIMERIE L. DANEL

LILLE. — IMPRIMERIE L. DANEL.

www.ingramcontent.com/pod-product-compliance
Lightning Source LLC
Chambersburg PA
CBHW070524100426
42743CB00010B/1938